Florian Bereuter

Internet Startup

Chancen und Risiken einer
Unternehmensgründung im Internet

Diplomica® Verlag GmbH

Bereuter, Florian: Internet Startup: Chancen und Risiken einer Unternehmensgründung im Internet. Hamburg, Diplomica Verlag GmbH 2012

ISBN: 978-3-8428-8464-9
Druck: Diplomica® Verlag GmbH, Hamburg, 2012

Bibliografische Information der Deutschen Nationalbibliothek:
Die Deutsche Nationalbibliothek verzeichnet diese Publikation in der Deutschen Nationalbibliografie; detaillierte bibliografische Daten sind im Internet über http://dnb.d-nb.de abrufbar.

Die digitale Ausgabe (eBook-Ausgabe) dieses Titels trägt die ISBN 978-3-8428-3464-4 und kann über den Handel oder den Verlag bezogen werden.

Inhaltsverzeichnis

1. Einleitung 7

1.1 Problemstellung 7

1.2 Zielsetzung 8

1.3 Aufbau der Arbeit 8

2. Merkmale eines Startup Unternehmens 11

2.1 Unterschiede zur traditionellen Startup Gründung 11

2.2 Definition eines Startup Unternehmens 12

2.3 Abgrenzung des Untersuchungsgegenstandes 12

2.4 Barrieren für Internet Startups 13

2.4.1 Finanzielle Barrieren 15

2.4.2 Rechtliche Barrieren 15

2.4.3 ACTA Barrieren 16

2.4.4 SOPA Barrieren 17

2.5 Merkmale möglicher Rechtsformen eines Unternehmens 18

2.5.1 Einzelunternehmen / Kleingewerbetreibender / Freiberufler 19

2.5.2 Personengesellschaften 20

2.5.2.1 Gesellschaften bürgerlichen Rechts 20

2.5.2.2 Offene Handelsgesellschaft (oHG) 22

2.5.2.3 Kommanditgesellschaft 22

2.5.2.4 Stille Gesellschaft 24

2.5.3 Kapitalgesellschaften 25

2.5.4 Gesellschaft mit beschränkter Haftung (GmbH) 25

2.5.5 Die englische Limited 26

3. Unternehmenszyklusmodell eines Startup Unternehmens 29

3.1 Early-Stage-Phase 30

3.2 Expansionsphase 32

3.3 Later Stage 33

4. Finanz- und Beratungsangebot für Startup Unternehmen 35

4.1 Finanzierung des Startup Unternehmens 35

4.1.1 Der Businessplan 36

4.1.2 Inhalte eines Businessplan 37

4.1.3 Aufgabe eines Businessplans 39

4.1.4 Gliederung eines Businessplans ... 39
4.1.5 Typische Fehler eines Businessplans ... 40
4.1.6 Ziele eines Businessplans ... 42
4.1.7 Executive Summary-Die Zusammenfassung des Businessplanes .. 42
4.2 Bestimmte Merkmale des Internet Startup ... 43
4.3 Venture-Capital Gesellschaften ... 44
4.4 Business Angels ... 44
4.5 Banken / Kreditinstitutionen ... 46
4.6 Staatliche Unterstützung ... 46
4.7 Private Equity ... 47
5. Was bei einer Internet Startup Gründung beachtet werden sollte ... 49
5.1 Das Gründerteam ... 49
5.2 Namensgebung der Firma/Rechtsform ... 51
5.3 Konkurrenzverhältnis im Wettbewerb ... 52
5.4 Marketingmaßnahmen für Internet Startups ... 52
5.4.1 Viral Marketing ... 54
5.4.2 E-mail Marketing ... 55
5.4.3 Guerilla Marketing ... 56
5.4.4 Social Media ... 58
5.5 Schwierigkeiten bei der Gründung ... 59
5.6 Welche Chancen stehen den Risiken gegenüber ... 59
6. Fazit und Ausblick ... 61
Anhangsverzeichnis ... 67
Abkürzungsverzeichnis ... 74
Literaturverzeichnis ... 76

1. Einleitung

Die Gründung eines Internet Startup (IS) gewinnt in unserer heutigen Gesellschaft immer mehr an Bedeutung. „Startup“ beschreibt dabei ein noch junges Unternehmen, das sich zurzeit in der Gründungsphase befindet. Gerade im Internet ist diese Art der Existenzgründung sehr populär. Das rasante Wachstum und die einfache Handhabung des Internet begünstigen diesen Prozess. Gerade für junge Unternehmen ist diese Branche sehr interessant, da sie im Schnelldurchlauf mehrere Karrierestufen durchleben können.

1.1 Problemstellung

Dieser Studie liegt die Problemstellung zugrunde, dass heutzutage viele Personen eine Idee haben, mit der sie sich selbständig machen wollen. Allerdings wissen sie häufig nicht welche Schwierigkeiten mit der Gründung entstehen können bzw. welche Chancen sie nutzen sollten. Besonders in der heutigen Zeit bietet das Internet eine umfassende Möglichkeit der Unternehmensgründung, trotzdem entstehen Tag täglich neue Probleme, mit denen die Gründer zu kämpfen haben. Gründe dafür liegen im schnellen Wachstum des Internet[1].

Eine weitere Problematik besteht darin, dass vor allem junge Internet Startup Unternehmen nicht genau wissen welche Art der Finanzierung sie in Anspruch nehmen sollten; gerade in der Internetwirtschaft scheitern viele Gründer immer wieder daran. Dabei gelten die ersten fünf Jahre als eine besonders kritische Phase[2]. Im Verlauf der Studie werden daher verschiedene Arten der Finanzierung aufgezeigt und erläutert. Da hier der Businessplan eine entscheidende Rolle einnimmt, beschäftigt sich der Verfasser in einem weiteren Punkt intensiver mit dieser Thematik.

---

[1] Vgl. Welfens/Zocke/Jungmittag/Becker/Joisten: Internetwirtschaft 2010, 2005, S. 6.
[2] Vgl. Lübke: Business Angels und Existenzgründer: Strategien für eine erfolgreiche Transaktionsbeziehung, 2004, S. 26.

In dieser Arbeit gibt der Verfasser Vorschläge was IS bei einer Gründung alles beachten sollten. Dabei wird sowohl auf das Gründer Team, die Namensgebung bzw. Rechtsform, auf die Konkurrenz als auch auf Marketingmaßnahmen eingegangen. Am Ende dieses Abschnitts werden die Schwierigkeiten besprochen, mit denen vor allem Internet Startups zu kämpfen haben. Anschließend werden mögliche Chancen eventuell auftretenden Risiken gegenübergestellt.

1.2 Zielsetzung

Die Studie beschäftigt sich mit den Chancen und Risiken, die bei der Gründung eines IS auftreten können. Außerdem werden dem Leser mögliche Schwierigkeiten dargelegt, mit denen Existenzgründer im Internet zu kämpfen haben.

Die Zielsetzung dieser Studie ist es, zu zeigen inwieweit man mit einer genauen Planung z.B. der Rechtsform, Finanzierung, Businessplan etc. einem möglichen Scheitern einer Unternehmung entgegenwirken kann. Es werden verschiedene Gründungsmöglichkeiten vorgestellt, mit denen ein Gründer seine Unternehmung im Internet starten kann.

1.3 Aufbau der Arbeit

Diese Arbeit befasst sich schwerpunktmäßig mit zwei komplexen Themengebieten. Auf der einen Seite werden die Merkmale eines Startup Unternehmensaufgezeigt und darauf aufbauend werden im weiteren Verlauf Hilfestellungen aufgezeigt. Diese beziehen sich sowohl auf mögliche Barrieren, die sowohl finanzielle als auch rechtliche Gründe haben können. Allerdings greift der Verfasser auch aktuelle Themen auf, mit denen die Internetbranche zu kämpfen hat. Diese zuvor genannten Thematiken werden in den Kapiteln 2-4 aufgegriffen. Da das Unternehmenszyklusmodell von jedem neu gegründeten Unternehmen durchlaufen werden muss, nimmt es folglich einen großen Stellenwert ein. Im Anschluss folgen die verschiedenen Finanzierungsmöglichkeiten, die einem IS zur Verfügung stehen. Hier wird der Fokus auf den sogenannten Businessplan gesetzt, da dieser entscheidenden Einfluss auf zukünftige Investoren hat. Anschließend werden hierbei dem Leser die verschiedenen Arten von Investoren aufgezeigt und mögliche Vor- und Nachteile gegenübergestellt. In Kapitel 5 wird dem Leser ein Vorschlag unterbreitet, was bei einer Gründung im

Internet besonders beachtet werden sollte. Um ein möglichst umfangreiches Praxisbeispiel zu liefern, entschied der Verfasser die Unterpunkte mit Beispielen von erfolgreichen IS zu untermalen.

Abschließend wird dem Leser in Kapitel 6 ein Fazit mit anschließendem Ausblick dargelegt. Die einzelnen Kapitel werden zusammengefasst und Empfehlungen vom Verfasser gegeben. Hierbei nimmt der Verfasser einigen Punkten gegenüber eine kritische Stellung ein und nennt mögliche Alternativen. Diese Vorschläge sollen die Existenzgründung eines IS optimieren und mögliche Barrieren verhindern.

2. Merkmale eines Startup Unternehmens

Gerade in den letzten Jahren entstehen Unternehmen praktisch wie aus dem nichts. Diese, meist jungen Unternehmen, werden als „Startups" bezeichnet[3]. Dieser Abschnitt soll dem Leser den Begriff des Startup Unternehmens (SU) näherbringen und Unklarheiten aufklären. Des Weiteren wird auf Barrieren eingegangen, die gerade solchen Unternehmen, deren Geschäftsideen auf dem Internet aufbauen, das Leben erschweren können, Zum Schluss dieses Kapitels sollen dem Leser die verschiedenen Unternehmensformen vorgestellt werden, wobei sich der Verfasser hierbei nur auf die für SU relevanten Unternehmensformen beschränkt.

2.1 Unterschiede zur traditionellen Startup Gründung

Dieser Abschnitt basiert auf der Annahme von Bleiber, dass das Internet, egal auf welchem Gebiet man sich selbständig macht, ausreichend auf die Unternehmung geprüft und dann entsprechend genutzt werden sollte. Hierbei ist besonders zu beachten die Geschäftsidee nicht auf eine Welt ohne Internet aufzubauen, schon gar nicht, wenn Mitbewerber von diesem Medium profitieren.
Dabei bietet dieses Medium zwei unterschiedlich stark gewichtete Möglichkeiten der unternehmerischen Nutzung:

1. Mithilfe des Internets können übliche Vertriebs- und Einkaufswege unterstützt bzw. ergänzt werden.
2. Der Unternehmer kann das Internet als Hilfsmittel für seine tägliche Arbeit nutzen.

Die Nutzung kann je nach Geschäftsidee, Branche bzw. Verhalten der Wettbewerber sowie der Internetaffinität des Gründers variieren. Dabei schafft das Internet nicht nur Raum für vollkommen neue Ideen und Aktivitäten, sondern es verändert auch die traditionellen Verhaltensweisen sowohl der Kunden als auch

[3] Vgl. Wirtschaftslexikon: Verfügbar unter: http://wirtschaftslexikon.gabler.de/Definition/start-up-unternehmen.html am 13.05.2012

der Unternehmung selbst[4]. Existenzgründungen im kleinen Umfang können z.B. bei der Nutzung des Vertriebs über das Internet die Anmietung eines großen und teuren Ladenlokals vermeiden[5]. Zudem bietet es eine Vielzahl von meist kostenlosen Informations- und Hilfefunktionen an, die schnell und unbürokratisch genutzt werden können[6].

2.2 Definition eines Startup Unternehmens

Unter dem Begriff Startup Unternehmen versteht man ein junges, noch nicht etabliertes Unternehmen, das zur Verwirklichung einer innovativen Geschäftsidee mit geringem Startkapital gegründet wird. In der Regel sind junge SU schon sehr früh auf die Ausweitung ihrer Geschäfte und Stärkung ihrer Kapitalbasis angewiesen[7]. Ein Problem, mit dem diese Unternehmen zu kämpfen haben, ist der mangelnde Bekanntheitsgrad sowie der geringe Mitarbeiterstamm und schlechte Marktposition. Die SU sind nicht durch ihre Gründer bzw. dessen Charakteristische Eigenschaften, sondern vielmehr durch die Ressourcenknappheit, also der Mangel an finanziellen, personellen Problemen gekennzeichnet[8]. Das Internet hat auf ein Startup heutzutage einen großen Einfluss, da das Medium die Risikobereitschaft der Unternehmen maßgeblich beeinflusst. Gründe hierfür liegen im rasanten Wachsen der Internettechnologie[9].

2.3 Abgrenzung des Untersuchungsgegenstandes

Durch das Internet haben Unternehmen und vor allem Existenzgründer die Möglichkeit z.B. Logistikprobleme des Produktionsfaktors sowie dessen Informationen grundlegend zu verbessern. Außerdem führt die Digitalisierung von Produkten und Dienstleistungen im Internet zu einer deutlichen Reduktion der

---

[4] Vgl. Bleiber: Erfolgreiche Existenzgründung, 2011, S. 89-90.

[5] Bleiber: Erfolgreiche Existenzgründung, 2011 S. 92.

[6] Vgl. Bleiber: Erfolgreiche Existenzgründung, 2011, S.94.

[7] Vgl. Wirtschaftslexikon: Verfügbar unter: http://wirtschaftslexikon.gabler.de/Definition/start-up-unternehmen.html am 13.05.2012

[8] Vgl. Vetter: Praktiken des Prototyping im Innovationsprozess von Start-up-Unternehmen, 2011, S. 64.

[9] Vgl. Nokes: startup.com; Everything you need to know about starting up an Internet Company, 2000, S. 58.

Transaktionskosten gegenüber traditionellen Branchen[10]. Genau dies ermöglicht es jungen Internet Startup Unternehmen einen Kundenmehrwert, und somit eine ökonomische Grundlage für ihre Unternehmung zu schaffen[11]. Die Vergangenheit zeigt, dass durch das Internet weltweit zahlreiche Wachstumsunternehmen hervorgegangen sind, mit den wahrscheinlich bekanntesten Vertreter der sog. Net Economy: Google, Amazon und Yahoo[12].

Der Grund, weshalb das Internet so rapide wächst, lässt sich mit den so genannten vier Schlüsselfaktoren herleiten. Diese setzen sich aus „Einheitlichen Standards", „Einfachheit für den Abruf", „Einstellung von Inhalten" und einem gleichzeitig hohen „Komfort" für den normalen Internetnutzer zusammen. Sie basieren in diesem Kontext auf die Seitenbeschreibung Hypertext Transfer Protocol (HTTP) und der Seitenbeschreibungssprache Hypertext Markup Protocol (HTML), die dafür gesorgt haben, dass trotz der anfangs begrenzten Bandbreite des Internet dem Nutzer grafische Oberflächen mit einer einfachen Steuerung, nämlich die des Mausklicks, und multimediale Inhalte anzubieten[13].

2.4 Barrieren für Internet Startups

Auf den ersten Blick haben Internet Startups (IS) relativ niedrige Markteintrittsbarrieren. Ähnliches gilt auch für den elektronischen B2B Markt, dessen Volumen im letzten Jahr stark zugenommen hat. Auf den zweiten Blick sieht man allerdings, dass viele Internetunternehmen zwar „dabei" sind ihr Vorhaben in die Tat umzusetzen, aber „dabei" sein eben noch nicht alles ist. Eintrittsbarrieren verhindern nicht unbedingt den Marktzutritt, machen diesen aber häufig schwieriger bzw. weniger profitabel. Dabei lassen sich Eintrittsbarrieren in drei Gruppen einteilen:

---

[10] Vgl. Weiber: Herausforderung Electronic Business, 2002, S. 9.

[11] Vgl. Kollmann: E-Venture- Management: Neue Chancen für Gründer in der Net Economy, 2003, S. 649.

[12] Vgl. Thörmer: Umstrukturierungen in jungen Net Economy; Unternehmen im Übergang zur Wachstumsphase, 2008, S.2.

[13] Vgl. Kollmann: E-Business: Grundlagen elektronischer Geschäftsprozesse in der Net Economy, 2007, S. 10.

1. Marketing-Vorteile der etablierten Unternehmen

   Gerade im E-Commerce spielen Marketingvorteile eine wichtige Rolle. Wenn eine Marke bekannt ist bzw. renommiert, so führt dies zu höheren Besucherzahlen als auch zu mehr Vertrauen, und damit einer höheren Kaufbereitschaft der Kunden. Wenn ein junges Unternehmen sich gerade in einem Markt etablieren will, kann es möglicherweise den Vorsprung der Marktteilnehmer aufgeholt haben, hat aber dafür einen meist sehr hohen Preis und damit geringere Profitabilität eingefahren.

2. Größen und Verbundvorteile

   Gerade bei Internet Unternehmen bestehen sehr oft Größenvorteile, die auch „returns to scale“ genannt werden. Diese bestehen, da meist ein hoher Anteil der Kosten mehr oder weniger fix ist. Ein Beispiel hierfür ist der Aufwand für die Erstellung einer Software. Diese fällt i.d.R. nur einmal an, unabhängig wie oft sie danach verkauft bzw. genutzt wird. Selbst die Kosten für Personal steigen mit wachsendem Umsatz relativ langsam an. Daher fallen die Durchschnittskosten mit zunehmender Größe. Oft kommt es z.B. bei Meinungsportalen dazu, dass Netzeffekte die Größenvorteile verstärken: Je mehr Nutzer sich auf einer Seite befinden, desto größer ist der Nutzen für jeden Einzelnen von ihnen. Ein junges Unternehmen muss auf diese Vorteile verzichten und höhere Durchschnittskosten in Kauf nehmen.

3. Knappe Ressourcen

   Die womöglich knappste Ressource bei jungen Unternehmen ist die Finanzierung. Dies ist vor allem der Fall seitdem Börsengänge schwieriger, im Durchschnitt weniger lukrativ und Venture Capital Geber selektiver geworden sind. Des Weiteren haben vor allem IS häufig das Problem Mitarbeiter, insbesondere Programmierer, zu finden. Diese abzuwerben ist zwar möglich, allerdings häufig mit sehr hohen Kosten verbunden.

Die eben genannten Barrieren heißen nicht automatisch, dass Marktneulinge schlechter gestellt sind als etablierte Unternehmen. Wenn das Unternehmen geschickt mit den Gegebenheiten umgeht, kann es die Barrieren überwinden.

Das Wichtigste, was ein Marktneuling beachten muss, ist die Nutzung seiner Stärken, da gerade Eintrittsbarrieren nicht für alle gleich hoch sind. So kann es z.B. der Fall sein, dass ein SU die bessere Technik als etablierte Unternehmen nutzt und diese oft Schwierigkeiten haben ihre älteren Hard- und Software Systeme zu wechseln. Der wahrscheinlich größte Vorteil, den SU haben, ist die Tatsache, dass sie aus den Fehlern der etablierten Unternehmen lernen können[14].

2.4.1 Finanzielle Barrieren

Oft haben Existenzgründer die Möglichkeit Geld von Freunden oder Familie zu sammeln, doch dieses Geld wird von den typischen Fremdkapitalgebern wie Eigenkapital gewertet und damit rechtlich hinter den Verpflichtungen gegenüber der Bank stehen. Folge ist es, dass der Existenzgründer zumindest moralisch dazu verpflichtet ist das Geld an die Freunde zurückzuzahlen, kann dies aber meist nicht, da die liquiden Mittel knapp sind. Deshalb sollte man einen Geldgeber finden, der dazu bereit ist, Eigenkapital fließen zu lassen, ohne dabei eine unternehmerische Verantwortung zu übernehmen, sondern der eine Wertsteigerung seiner Geschäftsanteile erwartet. Bleiber rät in seinem Buch daher, dass man einen Fokus auf die Beschaffung des Eigenkapitals setzen sollte. Denn bei einer zu geringen Eigenkapitalausstattung werden schon in der Gründungsphase, spätestens aber im laufenden Geschäft, Probleme mit der weiteren Finanzierung auftreten. Schon viele Unternehmen sind trotz einer hervorragenden Geschäftsidee hieran gescheitert[15].

2.4.2 Rechtliche Barrieren

Als Gründer eines IS wird man mit einer Vielzahl von Rechtsvorschriften konfrontiert. Zu diesen gehören insbesondere die Rechtsnormen aus dem Bürgerlichen Gesetzbuch (BGB), dem Urhebergesetz (UrhG), dem Gesetz gegen den unerlaubten Wettbewerb (UWG), dem Markengesetz (MarkenG),

---

[14] Vgl. FAZ: Verfügbar unter: http://www.faz.net/aktuell/wirtschaft/start-up-eintrittsbarrieren-im-e-commerce-115100.html am 13.05.2012

[15] Vgl. Bleiber: Erfolgsreiche Existenzgründung, 2011, S. 114 ff.

dem Telemediengesetz (TMG), dem Signaturgesetz (SigG) und dem Bundesdatenschutzgesetz (BDSG)[16]. Im Gegensatz zu früheren relevanten Werten wie Maschinen, Fuhrpark oder aber Fertigungshallen haben SU die Probleme mit ihrer Idee, Patenten, Marken oder aber mit urheberrechtlich geschützten Werken. Das wahrscheinlich größte Problem für Startup Unternehmen ist jedoch der Bereich des geistigen Eigentums. Zwar erlässt der Gesetzgeber neue Gesetze für bisher offene Frage zu diesem Thema, allerdings ist in der digitalen Welt das Wachstumstempo so rasant, dass bis zum neu verfassten Gesetz schon wieder neue Ungereimtheiten aufgekommen sind, für die es keine Rechtsprechung gibt. Das entsprechend häufigste Problem in diesem Fall ist das Urheberrechtsgesetz[17].

2.4.3 ACTA Barrieren

ACTA steht für „Anti-Counterfeiting Trade Agreement"[18]. Dabei handelt es sich um ein plurilaterales Handelsabkommen, welches sich mit der Verbesserung des Kampfes gegen Produktpiraterie befasst. ACTA ist umstritten, weil es sich um die Durchsetzung geistiger Eigentumsrechte zwischen den partizipierenden Staaten bemüht. Der Ablauf der Aushandlungen stellt die demokratische Glaubwürdigkeit und Rechtsklarheit in Frage. Das Abschließen eines solchen Abkommens würde eine Schädigung des internationalen Handels und Erstickung von Innovationen zur Folge haben. Des Weiteren würde die Meinungsfreiheit, der Zugang zu Kultur und Datenschutz eingeschränkt werden. In vielen Staaten wurde bereits mit dem Ratifizierungsprozess begonnen. Hier wird jedoch die Signifikanz von einigen falsch eingeschätzt und deutlich unterbewertet. Sowohl die Europäische Kommission als auch der Europäische Gerichtshof können keine befriedigende Befürwortung abgeben. Daher wird auch vom Europäischen Parlament die Ablehnung gefordert. Folgende Punkte zeigen auf, wieso ACTA so umstritten ist:

---

[16] Vgl. Anlage Nr.1

[17] Vgl. E-Book: Osborne Clarke: Getting Started- aber richtig: ein rechtlicher Leitfaden für Gründung und Aufbau eines Unternehmens, S.84 ff.

[18] Vgl. Anlage Nr. 2

- Es besteht eine Gefahr für die Meinungsfreiheit und den Zugang zu Kulturen
- Der Datenschutz ist in Gefahr
- Es bestehen Hindernisse für Innovationen
- Schaden für den Handel
- Fehlende Rechtsklarheit

Das ACTA Abkommen kann schwerwiegende Auswirkung haben, falls man das richtige Gleichgewicht zwischen dem Schutz des Urheberrechts und der Wahrung der Grundrechte einer gesamten Gesellschaft, wie Meinungsfreiheit, den Zugang zu Informationen, Kultur und Datenschutz findet[19].

2.4.4 SOPA Barrieren

Der Begriff SOPA steht für „Stop Online Piracy Act". Die Gegner von SOPA befürchten, dass es das Ende für das Internet darstellt wie wir es bis jetzt kennen. Außerdem rechnen viele mit dem Aufzug einer Internetzensur und dem Ende des Rechts auf freie Meinungsäußerungen. Die Befürworter erhoffen sich allerdings, dass SOPA Millionen Arbeitsplätze in der amerikanischen Film- und Musikindustrie und bei produzierenden Unternehmen rettet, die nach eigenen Angaben unter Online-Piraterie leiden. Viele namhafte Internetunternehmen z.B. Google, Facebook, Paypal oder auch Wikipedia denken jedoch darüber nach, gegen den SOPA zu protestieren. Sie überlegen ihre Seiten und Dienste für einen gewissen Zeitraum abzuschalten. Anstatt Suchmasken oder Zugang zu den Mitgliederprofilen anzubieten, wollen sie ihre Nutzer über die Gesetzesinitiative und deren mögliche Auswirkungen informieren.

Kernpunkt des Gesetzes ist es, amerikanischen Internetnutzern den Zugang zu ausländischen Websites abzuschneiden, sofern diese Urheberrechte verletzen. Allerdings zielt SOPA nicht auf die Betreiber der einzelnen Websites, sondern auf den Mittelbau des Internet also Suchmaschinen, Internetprovider, Serveranbieter, Bezahllösungsunternehmen oder Netzwerke für Online Werbung. Sie

---

[19] Vgl. Digitale Gesellschaft: Verfügbar unter: http://digitalegesellschaft.de/portfolio-items/acta-stoppen/ am 13.05.2012.

alle sollen dafür belangt werden, wenn ihre eigenen Angebote zu Seiten führen, auf denen Rechte verletzt werden. Dabei sollen sie auch technische Möglichkeiten schaffen, um solche Rechtsverletzungen zu unterbinden.

Das Problem betrifft allerdings nicht nur amerikanische Unternehmen. So hat beispielsweise auch das deutsche Unternehmen 1&1 Schwierigkeiten mit SOPA. 1&1 vermietet nämlich in Amerika u.a. an kleine und mittlere Unternehmen Serverplatz für deren Websites. 1&1 hat diese Kunden angeschrieben, um sie auf das SOPA Gesetzesvorhaben aufmerksam zu machen. In dem Brief heißt es u.a., dass der große Nutzen und die wirtschaftlichen Möglichkeiten elektronischer Geschäftsmodelle gefährdet seien. Kunden die sich der ablehnenden Haltung anschließen, sollten ihren Abgeordneten schreiben[20].

2.5 Merkmale möglicher Rechtsformen eines Unternehmens

Grundsätzlich gibt es für die Wahl der Rechtsform kein Patentrezept. Daher sollte man vor jeder Unternehmensgründung eine Ist-Analyse bezogen auf Konzept, Personal und Kapital durchführen. Erst wenn feststeht welche Idee mit dem Unternehmen umgesetzt, wer an Diesem mit welchem Umfang beteiligt und wie das Vorhaben finanziert werden soll, kann die geeignete Lösung gefunden werden. Dabei sollte besonders auf folgende Kriterien geachtet werden:

- Reduzierung des Haftungsrisikos
- Leitungsbefugnisse
- Gewinn- und Verlustverteilung
- Finanzierungsmöglichkeiten
- Gründungskosten und –aufwand
- Personelle Ausgestaltung

[20] Vgl. FAZ: Verfügbar unter: http://www.faz.net/aktuell/technik-motor/urheberrechte-das-ende-des-internet-wie-wir-es-kennen-11598863.html. am 13.05.2012

- Besteuerung[21]

Daher kann die Wahl der Rechtsform für ein Unternehmen mehr als eine Formsache sein. Sie kann nämlich sowohl wirtschaftliche als auch steuerliche bzw. rechtliche Folgen haben. Somit stehen dem Unternehmer folgende Rechtsformen zur Auswahl:

-Einzelunternehmen/Kleingewerbetreibender/Freiberufler
-Personengesellschaften
-Kapitalgesellschaften
-Internationale Gesellschaftsformen[22]

2.5.1 Einzelunternehmen / Kleingewerbetreibender / Freiberufler

Diese Rechtsform liegt vor, wenn jemand ein Gewerbe ausübt, allerdings noch nicht über einen Geschäftsbetrieb verfügt, der in einer kaufmännischen Weise eingerichtet ist. Falls dies doch der Fall sein sollte, muss eine Eintragung ins Handelsregister erfolgen mit der Konsequenz, dass der Gründer handelsrechtlich als Kaufmann behandelt wird. Die Vorteile dieser Rechtform beinhalten die einfache und kostengünstige Gründung, keine Mindestkapitalanforderung, ungeteilter Gewinn und den Ausschluss der Überschuldung als Insolvenzgrund. Allerdings gibt es auch Nachteile z.B. die unbeschränkte persönliche Haftung des Unternehmers mit seinem gesamten Vermögen und die starke Abhängigkeit der Finanzierungsmöglichkeiten vom persönlichen Vermögen. Gründer sollten sich für diese Rechtform also nur dann entscheiden, wenn die Risiken gering sind, nur wenig Vermögen vorhanden ist und das Unternehmen zunächst klein begonnen werden soll[23].

---

[21] Vgl. Weitnauer: Wahl der Rechtsform für junge Unternehmen in der Net Economy; in Kollmann: E-Venture-Management: Neue Perspektive der Unternehmensgründung in der Net Economy, 2003, S. 377.
[22] Vgl. Klandt: Gründungsmanagement: Der Integrierte Unternehmensplan, 2006, S. 40.
[23] Vgl. Klandt: Gründungsmanagement: Der Integrierte Unternehmensplan, 2006, S. 41.

2.5.2 Personengesellschaften

Eine Personengesellschaft zeichnet sich dadurch aus, dass eine persönliche Haftung mindestens eines Gesellschafters und seines Bestandes grds. an die Gesellschaft gekoppelt ist[24]. Zudem kann eine Personengesellschaft Organträgerin sein, wenn die Gesellschaft zusammen mit der Geschäftsleitung im Inland sitzt und sie selbst eine originär gewerbliche Tätigkeit ausübt (siehe §14 Abs.1 Nr.2 KStG). Voraussetzung hierfür ist allerdings die Tatsache, dass die Gesellschafter mit dem auf sie entfallenden Anteil des zuzurechnenden Einkommens im Inland zumindest beschränkt steuerpflichtig sind[25].

Auch werden Personengesellschaften bei den Personensteuern nicht als eigenständiges Steuersubjekt behandelt. Denn einkommenssteuerpflichtig sind hier nur die Gesellschafter selbst, die den auf sie entfallenden Anteil am Gewinn der Personengesellschaft versteuern müssen. In Abhängigkeit von seinen persönlichen Verhältnissen beträgt die Einkommensteuerbelastung für den Gesellschafter ab 2005 maximal 42%. Die Personengesellschaften haben allerdings bei der Verlustbehandlung den Vorteil, dass im Rahmen des Verlustausgleichs negative Einkünfte auf der Ebene der Gesellschafter in beschränktem Umfang ausgeglichen werden können. Dabei ist eine Verrechnung mit positiven Einkünften aus Gewerbebetrieb im Verlustentstehungsjahr, im Vorjahr oder aber in den Folgejahren möglich[26].

2.5.2.1 Gesellschaften bürgerlichen Rechts

Gesellschaften bürgerlichen Rechts (gem. §§ 705-740 BGB) sind solche Kleingewerbetreibende, die sich zusammenschließen, um somit eine Gesellschaft zu gründen, die einen gemeinsamen Zweck verfolgt[27]. Sie sind dadurch geprägt, dass der Gesellschaftsvertrag die Namen aller Gesellschafter beinhal-

---

[24] Vgl. Klandt: Gründungsmanagement: Der Integrierte Unternehmensplan, 2006, S. 40.

[25] Vgl. Memento Rechtshandbücher: Gesellschaftsrecht für die Praxis 2006, 2005, S. 1237.

[26] Vgl. Weitnauer: Wahl der Rechtsform für junge Unternehmen in der Net Economy; in Kollmann: E-Venture-Management: Neue Perspektive der Unternehmensgründung in der Net Economy, 2003, S. 382.

[27] Vgl. Klandt: Gründungsmanagement: Der Integrierte Unternehmensplan, 2006, S.41.

tet und sich mit dem Wechsel eines Gesellschafters ändert[28]. Die Gesellschaft bürgerlichen Rechts ist die Urform der Gesellschaft und dem Verein sehr ähnlich. Ihre Regelungen befinden sich im BGB ab §705[29].

Vorteile der Gesellschaft bürgerlichen Rechts sind die einfache und kostengünstige Gründung, kein Mindestkapital, breiter Spielraum für vertragliche Gestaltungen, Überschuldung ist kein Insolvenzgrund und ein Verlustausgleich ist möglich. Allerdings sollte man auch beachten, dass eine unbeschränkte bzw. gesamtschuldnerische Haftung eines jeden Gesellschafters für die Schulden der Gesellschaft vorliegt und dass die Finanzierungsmöglichkeiten sehr stark von dem persönlichen Vermögen der Gründer bzw. Partner abhängig sind. Die Gründung einer Gesellschaft bürgerlichen Rechts sollte dann vorgenommen werden, wenn Zusammenschlüsse von Kleingewerbetreibenden und Freiberuflern vorliegt[30].

Damit eine GbR entstehen kann, müssen folgende Voraussetzungen erfüllt werden:

1. Gesellschafter müssen nicht unbedingt natürliche bzw. juristische Personen sein, sie können auch andere nicht rechtsfähige Personenvereinigungen sein.

2. Es muss ein gemeinsamer Zweck vorliegen. Dieser Zweck liegt i.d.R. im Streben nach wirtschaftlichem Erfolg. Dieser Zweck kann sowohl dauernd als auch nur vorübergehend sein. Dabei ist zu beachten, dass das Betreiben eines Handelsgewerbes ausgeschlossen ist.

3. Ein Gesellschaftsvertrag muss geschlossen werden. Dies kann formlos geschehen. Die Literatur empfiehlt allerdings, diesen aus Beweisgründen schriftlich festzuhalten. Laut Collrepp sollte geprüft werden, ob Freiberufler, die

---

[28] Vgl. Downling/Drumm.: Gründungsmanagement, 2003, S. 61.
[29] Vgl. Ahr/Schwenk/Matros: Gründungsratgeber; Von Gründer für Gründer, 2009, S. 61.
[30] Vgl. Klandt: Gründungsmanagement: Der Integrierte Unternehmensplan, 2006, S. 41-42.

sich zusammenschließen wollen, nicht die Gründung einer Partnerschaftsgesellschaft vorziehen sollten[31].

2.5.2.2 Offene Handelsgesellschaft (oHG)

Die sogenannte offene Handelsgesellschaft (oHG) ist die gewerbliche Variante einer Gesellschaft bürgerlichen Rechts. Nach der Gründung einer oHG muss diese zur Eintragung in das Handelsregister angemeldet werden[32]. Falls schon ein Handelsgewerbe gem. §§ 1,2 oder 3 HGB vorliegt, kann mit mindestens zwei Personen eine offene Handelsgesellschaft gegründet werden. Voraussetzung für diese Rechtsform ist ein enges Vertrauensverhältnis und gleichlaufende Interessen aller Gesellschafter. Falls dies der Fall sein sollte, ergeben sich eine Reihe von Vorteilen für die Gesellschaft, z.B. dass diese kein Mindestkapital benötigt, ein hohes Ansehen im Geschäftsverkehr genießt, eine hohe Kreditwürdigkeit besitzt und Überschuldung kein Insolvenzgrund ist. Allerdings besteht die Gefahr einer unbeschränkten persönlichen Haftung aller Gesellschafter, eine hohe Abhängigkeit der Beteiligten voneinander und die hohen Kosten im Handelsregister. Die Rechtsform einer offenen Handelsgesellschaft ist vor allem dann zu empfehlen, wenn das Unternehmen ein hohes Ansehen benötigt und die Gesellschafter ihre Arbeitskraft und ihr gesamtes Kapital in den Dienst der Unternehmung stellen wollen. Hilfreich ist es zudem, wenn die Anzahl der Gesellschafter gering ist, da somit ein höheres Vertrauensverhältnis gewährleistet ist[33]. Gesetzliche Grundlage der oHG sind die §§ 105-160 HGB[34].

2.5.2.3 Kommanditgesellschaft

Bei einer Kommanditgesellschaft (KG) muss mindestens ein Gesellschafter mit seinem gesamten Vermögen haften und sowohl die Geschäftsführung als auch die Leitungsbefugnis besitzen. Diese Art von Gesellschafter wird als Komplementär bezeichnet. Die Kommanditisten dagegen haften nur mit ihrer Einlage

---

[31] Vgl. Collrepp: Handbuch: Existenzgründung, 1999, S. 71.
[32] Vgl. Downling/Drumm.: Gründungsmanagement, 2003, S. 62.
[33] Vgl. Klandt: Gründungsmanagement: Der Integrierte Unternehmensplan, 2006, S. 43-44.
[34] Vgl. Collrepp: Handbuch: Existenzgründung, 1999, S. 78.

und sind am Gewinn der Gesellschaft beteiligt. Eine Eintragung ins Handelsregister ist bei dieser Rechtsform allerdings erforderlich. Bei der Kommanditgesellschaft sind Vorteile, u.a. dass kein Mindestkapital vorliegen muss, der Gründer durch Beteiligungen von Kommanditisten eine gute Möglichkeit der Kapitalbeschaffung hat, die Gesellschaft eine hohe Kreditwürdigkeit besitzt und der Verlustausgleich mit anderen Einkünften möglich ist. Allerdings liegt hier eine unbeschränkte Haftung des Komplementärs und hohe Kosten für die Eintragung im Handelsregister vor[35]. Gesetzliche Grundlage einer KG sind die §§ 161-177a HGB. Damit eine KG entstehen kann, sind folgende Voraussetzungen zu erfüllen:

1. Jede KG muss zumindest einen persönlich haftenden Gesellschafter (Komplementär) und zudem mindestens einen beschränkt haftenden Kommanditisten haben. Dabei ist zu beachten, dass es möglich ist, dass eine KG auch Gesellschafterin einer oHG sein kann.
2. Es muss ein Betrieb eines Handelsgewerbes vorliegen. Dies ist der Fall, wenn das Unternehmen nach Art und Umfang einen in kaufmännischer Weise eingerichteten Geschäftsbetrieb erfordert oder aber das Unternehmen nach Art bzw. Umfang keinen in kaufmännischer Weise eingerichteten Geschäftsbetrieb erfordert und das Unternehmen in das Handelsregister eingetragen ist.
3. Es muss darauf geachtet werden, dass die Firma, egal ob sie als Personen-, Sach- oder Phantasiefirma gebildet wird, immer mit der notwendigen Bezeichnung einer Kommanditgesellschaft oder der Abkürzung KG auftritt.
4. Es muss ein Gesellschaftsvertrag geschlossen werden. Dies kann formfrei oder aber in Schriftform geschehen. Allerdings muss der Wille der Beteiligten erkennbar sein, nämlich einen gemeinsamen Zweck gerade mit Hilfe einer Gesellschaft zu verfolgen[36].

---

[35] Vgl. Klandt: Gründungsmanagement: Der Integrierte Unternehmensplan, 2006, S. 44.
[36] Vgl. Collrepp: Handbuch: Existenzgründung, 1999, S. 85-86.

2.5.2.4 Stille Gesellschaft

Eine stille Gesellschaft zeichnet aus, dass sich eine Person mit seinem Kapital an dem Handelsgewerbe eines voll haftenden Unternehmens beteiligt. Diese Form des Gesellschafters wird als stiller Gesellschafter bezeichnet. Die Einlage des stillen Gesellschafters geht in das Vermögen des Hauptgesellschafters über. Konsequenz ist hier, dass stille Gesellschafter nach außen nicht in Erscheinung treten und grds. keine Leistungsbefugnis jedoch Kontrollrechte besitzen[37]. Es besteht allerdings auch die Möglichkeit einer atypischen Gesellschaft, bei der der stille Gesellschafter nicht nur am Gewinn und bei entsprechender Vereinbarung am Verlust der Gesellschaft, sondern auch an den stillen Reserven und dadurch auch am Vermögenszuwachs des Unternehmen beteiligt ist[38]. Bei der stillen Gesellschaft liegt eine reine Innengesellschaft vor. Zudem ergibt sich eine gute Möglichkeit zur Akquisition von Eigenkapital bei der allerdings der Gründer die Leitungsbefugnis behält. Nachteil ist allerdings, dass eine unbeschränkte Haftung des Hauptgesellschafters vorliegt[39]. Gesetzliche Grundlage für diese Form der Gesellschaft sind die §§ 230-237 HGB. Die Voraussetzungen für die Gründung einer stillen Gesellschaft sind folgende:

1. Das Gesellschaftsverhältnis zwischen stillem Gesellschafter und Inhaber muss klar erkennbar sein. So muss beispielsweise für einen Inhaber, der mit mehreren Personen eine stille Gesellschaft eingeht, jede Gesellschaft ein selbständiges Rechtverhältnis begründen.
2. Es muss ein Betrieb eines Handelsgewerbes vorliegen. Dieses kann sowohl als Einzelunternehmen als auch als Personen oder Kapitalgesellschaft betrieben werden.
3. Der stille Gesellschafter muss eine Einlage leisten, welche in das Vermögen des Inhabers übergeht. Dabei ist darauf hinzuweisen, dass neben Bargeld auch Know-How, Dienstleistungen oder Nutzungsrechte zur Verfügung gestellt werden können. Die Sicherung einer Einlage ist z.B.

---

[37] Vgl. Klandt: Gründungsmanagement: Der Integrierte Unternehmensplan, 2006, S.44-45.
[38] Vgl. Collrepp: Handbuch: Existenzgründung, 1999, S. 95.
[39] Vgl. Klandt: Gründungsmanagement: Der Integrierte Unternehmensplan, 2006, S. 44-45.

durch Bestellung von Grundpfandrechten oder aber Sicherungsübereignung möglich.

4. Bei der stillen Gesellschaft muss es sich um eine echte Gewinnbeteiligung handeln. Dabei ist darauf zu achten, dass eine Beteiligung am Verlust ausgeschlossen werden kann[40].

2.5.3 Kapitalgesellschaften

Diese Rechtform zeichnet aus, dass die Gesellschafter nur beschränkt, also mit ihrer getätigten Kapitaleinlage, haften. Des Weiteren ist die Gesellschaft eine juristische Person und somit selbständiger Träger von Rechten und Pflichten[41]. Zu beachten ist, dass die Kapitalgesellschaften steuerliche Vorteile genießen, beispielsweise entfallen bei Kapitalgesellschaften bezüglich der Gewerbesteuer Freibeträge, die bei Einzelunternehmen oder Personengesellschaften genutzt werden können[42]. Zu den Kapitalgesellschaften gehören die Gesellschaften mit beschränkter Haftung, die Unternehmergesellschaft und die Aktiengesellschaft. Eine Kapitalgesellschaft zeichnet aus, dass die Gesellschafter bzw. Aktionäre für ihre Aktivitäten im Unternehmen belangt werden können und mit der Höhe ihrer Einlage haften. Außerdem sind Gesellschafter und Aktionäre in der Lage Kapital zur Verfügung zu stellen, ohne dass sie aktiv in der Geschäftsführung beteiligt sind[43].

2.5.4 Gesellschaft mit beschränkter Haftung (GmbH)

Die GmbH ist eine Kapitalgesellschaft und ist eine juristische Person. Daraus folgt, dass sie unabhängig von dem Handeln der Gesellschafter überleben kann, welche nur mit ihren Einlagen haftet. Da die GmbH eine juristische Person ist, ist eine Eintragung ins Handelsregister notwendig. Dabei ist zu beachten, dass auch eine Gründung einer Ein-Personen-GmbH möglich ist.

---

[40] Vgl. Collrepp: Handbuch: Existenzgründung, 1999, S. 92-93.

[41] Vgl. Klandt: Gründungsmanagement: Der Integrierte Unternehmensplan, 2006, S. 40.

[42] Vgl. Klandt: Gründungsmanagement: Der integrierte Unternehmensplan, 2006 S. 173.

[43] Vgl. Existenzgründer: Verfügbar unter: http://www.existenzgruender.de/selbstaendigkeit/vorbereitung/gruendungswissen/rechtsform/03/index.php am 13.05.2012

Vorteil bei dieser Rechtsform ist sicherlich die beschränkte Haftung der Gesellschafter und die steuerliche Absetzbarkeit des Geschäftsführergehalts innerhalb der Gesellschaft. Dem stehen allerdings die Tatsachen gegenüber, dass ein Mindestkapital von 25.000€ (§5 Abs.1GmbHG) benötigt wird, eine geringere Kreditwürdigkeit besitzt, hohe Kosten durch die notarielle Beurkundung des Gesellschaftsvertrags entstehen, Überschuldung einen Insolvenzgrund darstellt und viele steuerlichen Fallen und Risiken bestehen[44]. Laut dem GmbH-Gesetz ist jene Gesellschaft, die den Betrag des Mindestkapitals unterschreitet, dazu verpflichtet den Namen „Unternehmergesellschaft (haftungsbeschränkt)“ oder „UG (haftungsbeschränkt)“ zu führen[45]. Gesetzliche Grundlage einer GmbH sind die §§ 1 ff. GmbHG[46].

2.5.5 Die englische Limited

Eine „Limited“ ist die sog. „private company limited by shares“. Diese muss in England oder aber Wales gegründet werden, da in anderen Regionen Großbritanniens andere Regelungen gelten. Um eine Limited gründen zu können ist zunächst einmal festzustellen, dass es irrelevant ist, ob die Unternehmung ihren wirklichen Sitz in Großbritannien hat oder nicht. Allerdings hat sich das materielle Recht einer Limited nach dem englischen Recht zu richten[47].

Gerade für Startup Gründer ist die englische Limited interessant, da hier keine persönliche Haftung, ein minimales Eigenkapital und Steuervorteile einer Kapitalgesellschaft vorhanden sind. Allerdings ist auch zu beachten, dass eine Limited durchaus abgemahnt werden kann. Besonders umstritten ist die Tatsache, dass die englische Limited mit gerade einmal 1 Pfund gegründet werden kann und somit nach deutschen Insolvenzvorschriften schon bei der Gründung zahlungsunfähig ist. Zudem ist die Limited nicht sehr gut angesehen, da das

---

[44] Vgl. Klandt: Gründungsmanagement: Der Integrierte Unternehmensplan, 2006, S. 47.
[45] Vgl. Berens/Engel: Wichtige Wirtschaftsgesetze für Bachelor, 2010, S. 818.
[46] Vgl. Collrepp: Handbuch: Existenzgründung, 1999, S. 98.
[47] Vgl. Brinkmeier/Mielke: Die Limited (Ltd.); Recht, Steuern, Beratung, 2007, S. 23.

englische Gesellschafts-, Steuer- und Bilanzrecht für fast alle Kunden unbekannt ist[48].

[48] Vgl. e-recht24: Verfügbar unter: http://www.e-recht24.de/artikel/ecommerce/6241-unternehmensform-existenzgruendung.html am 13.05.2012

3. Unternehmenszyklusmodell eines Startup Unternehmens

Unter diesem Punkt werden dem Leser die verschiedenen Phasen erklärt und vorgestellt, die ein Startup Unternehmen üblicherweise durchlaufen wird. Das idealtypische Unternehmenszyklusmodell beschreibt eine Gründungs- und Reifephase. Die Gründungsphase wird in Seed und Startup Phase unterteilt. Diese beiden Phasen bilden dabei die Early Stage Phase. Die Reifephase dagegen wird in die Expansion Stage als auch in die sogenannte Later Stage unterteilt. Dabei ist darauf zu achten, dass die Later Stage in Bridge und MBO/MBI unterteilt ist. Diese Unterteilung soll in Abb.1 nochmals grafisch dargestellt werden. Im folgenden Abschnitt werden dem Leser die einzelnen Phasen erläutert und erklärt

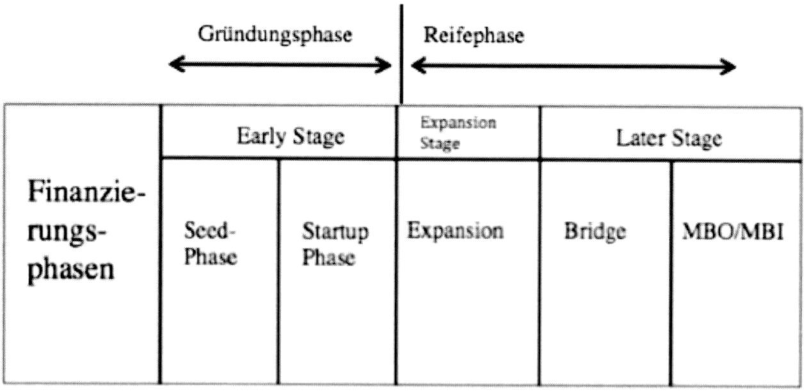

	Gründungsphase		Reifephase		
	Early Stage		Expansion Stage	Later Stage	
Finanzierungsphasen	Seed-Phase	Startup Phase	Expansion	Bridge	MBO/MBI

Abbildung 1 Eigene Darstellung des idealtypischen Unternehmenszyklusmodells in Anlehnung an B. Fischer, S. 19 siehe dazu: Geigner/Schefcyzk 1999, S. 37 ff.

3.1 Early-Stage-Phase

Die Early-Stage-Phase wird in Seed- und Startup Phase unterteilt. Klandt beschreibt in seiner Literatur die Seed Phase auch als Gründungsphase, da hier die Vorbereitungen zur Gründung eines Unternehmens stattfinden[49]. Im Prinzip gibt es eine erste Idee von einem Produkt oder einem noch nicht fertig entwickelten Prototypen[50]. Ausgehend von der konkreten Geschäftsidee wird ein Business Plan erarbeitet, Marktanalysen durchgeführt, in Abhängigkeit der Geschäftsidee Forschungs- und Entwicklungsarbeit betrieben und Kapitalgeber gesucht; es werden alle notwendigen Schritte unternommen, um die Geschäftstätigkeit aufnehmen zu können[51]. Der Begriff Seed-Phase stammt aus dem Bereich des Venture-Capital, bei dem ein spezifisches Modell zur Unternehmensentwicklung besteht. Dieses Modell unterscheidet sich von anderen Lebenszyklusmodellen und ist auf die Besonderheiten der Finanzierung angepasst. Typische Management Aufgaben in der Seed Phase bestehen darin, den Schwerpunkt der Unternehmenstätigkeit auf Forschungsaktivitäten und Produktionsentwicklung zu setzen[52]. Seed Capital wird von spezialisierten Beteiligungsgesellschaften oder vermögenden Privatpersonen (Business Angels), aber auch im Rahmen öffentlicher Existenzgründungsprogramme bereitgestellt und häufig zur Innovationsfinanzierung eingesetzt. Aufgrund der hohen Unsicherheiten über die zukünftigen Erfolgsaussichten besteht bei der Vergabe von Seed Capital für die Kapitalgeber ein sehr hohes Verlustrisiko[53].

Die andere Phase aus der Early-Stage wird als Startup Phase bezeichnet. Hier findet die tatsächliche Gründung des Unternehmens statt[54]. Es existiert bereits ein fortgeschrittener Prototyp eines Produktes oder ein Produkt ist größtenteils

---

[49] Vgl. Klandt: Gründungsmanagement: Der Integrierte Unternehmensplan, 2006, S.53.
[50] Vgl. Dowling/Drumm: Gründungsmanagement, 2003, S.120.
[51] Vgl. Klandt: Gründungsmanagement: Der Integrierte Unternehmensplan, 2006, S.53.
[52] Vgl. Siehe Anhang Nr. 3
[53] Wirtschaftslexikon: Verfügbar unter: http://wirtschaftslexikon.gabler.de/Archiv/13051/seed-capital-v7.html am 13.05.2012
[54] Vgl. Klandt: Gründungsmanagement: Der Integrierte Unternehmensplan, 2006, S.54.

fertig entwickelt[55]. Diese Phase umfasst sowohl die formalen Schritte wie die Eintragung ins Handelsregister als auch die Erstellung einer Satzung oder eines Gesellschaftsvertrages sowie die praktische Umsetzung der Planung bis hin zur Aufnahme der Geschäftstätigkeit. Daraus folgt, dass Unternehmensräume bzw. Büroräume gefunden werden müssen, Betriebsmittel beschafft und mit der Produktion begonnen werden muss[56]. In dieser Phase besteht das Unternehmen bereits bis zu einem Jahr. Des Weiteren fallen auch die Produktionsplanung und Vorbereitungen, Entscheidungen zwischen Eigen- und Fremdkapital oder zwischen Vertriebskooperationen und dem Aufbau eines eigenen Vertriebsnetzes an. In der Startup Phase beginnt die Akquisition von Kunden und im weiteren Verlauf sind oft Finanzierungsrunden notwendig[57].

Diese Periode wird auch Frühentwicklungsphase genannt und stellt somit die Wachstumsphase dar. Hier erfolgt i.d.R. die breite Marktführung des Produktes und erste konstante Umsätze treten auf, so dass der Break-even-Punkt erreicht werden sollte. Es folgt, dass das Unternehmen den Hauptfokus auf den Vertrieb und Marketing richten sollte, um seine Etablierung und die des Produktes am Markt voranzutreiben und langsam einen Kundenstamm aufzubauen[58]. An dieser Stelle ist zu erwähnen, dass Early Stage Unternehmen schon fast per Definition äußerst risikoreiche Investments darstellen, deren Wert vor allem aus immateriellen Größen und Wachstumsoptionen zusammen gesetzt wird. Die Finanzierung von Early Stage Unternehmen kennzeichnet besonders die Tatsache, dass diese Unternehmen nicht börsennotiert sind. Zudem weisen sie ein überdurchschnittliches Wachstumspotential auf und werden durch risikotragendes Eigenkapital finanziert. Häufig liegt eine Unterstützung des Managements seitens der Venture Capital Gesellschaft vor. Diese wird allerdings zu einem späteren Zeitpunkt einen planmäßigen Ausstieg anstreben. In der Early Stage Phase verlangen die Gesellschafter oft Eigenkapitalrenditen von über

---

[55] Vgl. Dowling/Drumm: Gründungsmanagement,2003, S.121.

[56] Vgl. Klandt: Gründungsmanagement: Der Integrierte Unternehmensplan, 2006, S.54.

[57] Vgl. Deutsche-startups Verfügbar unter: http://www.deutsche-startups.de/lexikon/investitionsphasen/ am 13.05.2012

[58] Vgl. Klandt: Gründungsmanagement: Der Integrierte Unternehmensplan, 2006, S.54.

46% von ihrem getätigten Investment. Dies wird durch die hohen Informationsunsicherheiten beim Investment und die dadurch notwendigen besonderen Fähigkeiten im Screening belegt. Dabei gilt der Businessplan als die wichtigste Informationsquelle und stellt somit das erste Screening Instrument dar. Eine Faustregel besagt, dass ca. 60% aller Businesspläne nach einer Screening Phase von weniger als 30 Minuten abgelehnt werden. Dagegen stehen gerade einmal 15%, die genauer analysiert werden. Am Ende sind es allerdings nur 5%, die als geeignete Investitionsobjekte betrachtet werden, wobei von diesen 5% nur ca. 2-3 Prozentpunkte der Vertragsbedingungen auch für den Gründer akzeptabel sind[59].

3.2 Expansionsphase

Diese Phase folgt nach der Markteinführung des Produkts bzw. der Dienstleistung. Die Expansionsphase wird in der Literatur auch häufig als Medium- oder Development-Stage bezeichnet. Hier werden erste Verkaufserfolge erzielt, so dass ein positiver Cash-Flow und Gewinne erwirtschaftet werden. Dabei wird i.d.R. der Break-Even-Punkt erreicht. Im Zentrum steht das Festigen des Unternehmens. Außerdem wird hier sowohl eine zunehmende Marktdurchdringung, Diversifizierung des Produktes als auch ein verstärktes Unternehmenswachstum angestrebt. Daher stellen Fragen der Wachstumsfinanzierung einen wesentlichen Teil der Aktivität dar[60]. In der Expansionsphase findet eine Erweiterung der Produktions- und Vertriebskapazität statt. Da diese Erweiterung allerdings kostenintensiv ist, muss das Unternehmen i.d.R. weiteren Kapitalbedarf generieren. Allerdings kann es in der Expansionsphase den potentiellen Investoren eine höhere Sicherheit bieten, als es noch in der Frühphase der Fall war. Innerhalb der Expansionsphase spielen vor allem „Marktzugang“ und

---

[59] Siehe Anhang Nr.4.

[60] Vgl. Fischer: Finanzierung und Beratung junger Start-up-Unternehmen: Betriebswirtschaftliche Analyse aus Gründerperspektive, 2004, S.20-21, siehe dazu Engelmann/Juncker/Natusch/Tebroke: Moderne Unternehmensfinanzierung; Risikokapital für Unternehmensgründung und wachstum, 2000, S.28, siehe des Weiteren dazu Schmeisser: Venture Capital und Neuer Markt als strategische Erfolgsfaktoren der Innovationsförderung für Erfinder und technologieorientierte Unternehmensgründung, 2001, S. 229f, siehe dazu-Daferner: Eigenkapitalausstattung von Existenzgründungen im Rahmen der Frühphasenfinanzierung, 2000, S.33.

„Prozesse“ eine besondere Rolle. Der Grund hierfür liegt darin, dass mit Sicherheit ohne diese Komponenten kein weiteres Wachstum möglich ist[61].

3.3 Later Stage

Sofern eine Unternehmung bei verlässlichen Einnahmen mit einem noch immer starken Umsatzwachstum rechnen kann, befindet es sich in der sog. Later Stage Phase[62]. Diese unterteilt sich in Bridge-Phase und MBO/MBI-Phase. In der Bridge-Phase werden weiterhin bei positiven Wachstumsaussichten die Unternehmensgründer darüber nachdenken, ob sie einen zusätzlichen Finanzbedarf benötigen. Um diesen zu generieren wird dabei über einen Börsengang nachgedacht. Dieser Vorgang hat sich mittlerweile bei jungen Unternehmen, die im Markt eine positive Zukunftsperspektive haben etabliert. Es gibt allerdings auch in der Bridge-Phase die Möglichkeit, einen lukrativen Verkauf an einen Investor zu verfolgen.

Die darauf folgende Phase ist die MBO/MBI-Phase. MBO steht für „Management-Buy-Out“. Hier wird das Unternehmen durch das vorhandene Management übernommen, wohingegen beim Management-Buy-In (MBI) das Unternehmen durch ein externes Management übernommen wird. Bei MBO´s werden zwei verschiedene Typen unterschieden:

1. Split-Off

   Hierbei wird die bisherige Unternehmensstruktur durch Gesamtübernahme bzw. Teilübernahme eines Unternehmens verändert.
2. Spin-Off

   Bezeichnet Projektgruppen und Geschäftsbereiche in einer Unternehmung, die keine Übereinstimmung mehr mit den strategischen Zielen der ursprünglichen Muttergesellschaft aufzeigen

---

[61] Vgl. Kollmann: E-Venture: Grundlagen der Unternehmensgründung in der Net Economy, 2004, S.25.

[62] Vgl. Kollmann: E-Venture: Grundlagen der Unternehmensgründung in der Net Economy, 2004, S.25, siehe dazu: Achleiter: Venture-Capital, 2001, S. 516.

Beim Management-Buy-In hingegen handelt es sich zwar auch um eine Nachfolgeregelung, jedoch wird hier eine Selbständigkeit der Übernehmenden angestrebt. Der Vorteil eines Management-Buy-In liegt darin, dass die neuen Manager nicht an die alten festgefahrenen Unternehmensstrukturen gebunden sind, sondern sie die Chancen eines Gesellschafterwechsels zur Neupositionierung und Modernisierung der Geschäftstätigkeit aktiver und konsequenter nutzen können[63].

---

[63] Vgl. Fischer: Finanzierung und Beratung junger Start-up-Unternehmen: Betriebswirtschaftliche Analyse aus Gründerperspektive, 2004, S.21-22, siehe dazu: Nathusius: Grundlagen der Gründungsfinanzierung: Instrumente-Prozesse-Beispiele, 2001, S.61ff, des Weiteren siehe. Geigenberger, Risikokapital für Unternehmensgründer: Der Weg zum Venture-Capital, 1999, S.50 ff.

4. Finanz- und Beratungsangebot für Startup Unternehmen

Gerade junge SU haben vor allem finanzielle Probleme. Daher soll dieser Abschnitt dem Leser Finanzierungsmöglichkeiten vorstellen und näher bringen. Wichtiger Bestandteil einer Finanzierung ist der Businessplan, auf welchen daher besonders eingegangen wird. Dem Leser werden typische Fehler bei der Erstellung eines SU aufgezeigt.

4.1 Finanzierung des Startup Unternehmens

Neben einer guten Geschäftsidee ist eine solide Finanzierung der wichtigste Parameter für den Erfolg einer Existenzgründung. Wer die Chancen der Selbständigkeit nutzen will, muss zunächst investieren und zwar viel Zeit und viel Geld. Dabei gilt es ein tragfähiges Fundament für das junge Unternehmen zu schaffen[64]. Es ist zu beachten, dass kaum eine Unternehmensgründung ohne Finanzierung auskommt; je nach Unternehmensart fallen schon in der Gründungzeit hohe Kosten an. Hierbei können ausreichende finanzielle Mittel die ersten Schritte in die Selbständigkeit erleichtern. Allerdings muss darauf geachtet werden, dass das Verhältnis zwischen Eigenkapital und Fremdkapital ausgewogen ist. Staatliche Förderung kann ebenfalls zur Finanzierung beitragen. Doch um eine Unternehmensgründung erfolgreich zu starten, ist es zwingend erforderlich die laufenden Kosten genau zu kennen. Diese sind ein Parameter im Businessplan und bestimmen maßgeblich den Erfolg des Startup Unternehmens. Ein weiterer Parameter sind die Erlöse, die sich auch im Businessplan wiederspiegeln müssen. Diese genau zu kalkulieren ist nicht immer ganz einfach, dennoch sollte der Versuch unternommen werden die erwarteten Umsätze möglichst genau vorherzusagen[65].

---

[64] Bleiber: Erfolgreiche Existenzgründung, 2011, S.99.
[65] Vgl. Bleiber: Erfolgreiche Existenzgründung, 2011, S.99.

4.1.1 Der Businessplan

Dieser Abschnitt basiert auf der Annahme von Klandt, der den Businessplan als ein Ergebnisdokument beschreibt, welches die Resultate der Gründungsplanungs-Aktivitäten festhält. Des Weiteren stellt der Businessplan ein Unternehmensgesamtkonzept dar, in dem versucht wird zum einen alle wichtigen Teilaspekte der Gründungsplanung zu berücksichtigen und zum anderen diese eben genannten Teilaspekte so aufeinander zu beziehen, dass sowohl auf verbaler als auch auf quantitativer Ebene ein einheitliches Gesamtkonzept entstehen kann[66]. Bei der Erstellung eines Businessplans ist darauf zu achten, dass die Gründer selbst den Businessplan schreiben und diese Aufgabe nicht an dritte weitergeben. Daher stellt die Businessplanerstellung eine unternehmerische Kernaufgabe dar. Diese Erstellung sollte nicht an Mitarbeiter delegiert werden, denn sowohl die Recherche als auch die Planungen und Schätzungen, die bei der Formulierung des Businessplans anfallen, sind die beste Vorbereitung auf die bevorstehenden Aufgaben des eigenen Unternehmens[67]. Allerdings ist die Erstellung eines Businessplans für viele Gründer eine schwierige Aufgabe, da sie mit ihm mehrere Ziele verfolgen: Zum einen soll der Businessplan dem Gründer dabei helfen seine Idee und ihre Umsetzung zu strukturieren, zum anderen soll er das Interesse bei möglichen Investoren dadurch wecken, dass diese die potentiellen Möglichkeiten der Geschäftsidee schnell einsehen und bewerten können[68]. Wesentlich stärker als im deutschsprachigen Raum gehört in den USA die Vorlage eines solchen Businessplans nicht nur im Venture Capital- Bereich, sondern generell zur Erreichung von Finanzierungen bei Gründungsvorhaben zu den selbstverständlichen Erwartungen der Zielperson[69]. Der Businessplan ist in Amerika als Entscheidungsgrundlage für Investoren entstanden. In Deutschland setzte er sich Mitte der 90er Jahre durch, als

---

[66] Vgl. Klandt: Gründungsmanagement: Der Integrierte Unternehmensplan, 2006, S.141.

[67] Vgl. Witt: Grundlagen der Businessplan-Erstellung in der Net Economy; in Kollmann: E-Venture-Management: Neue Perspektiven der Unternehmensgründung in der Net Economy, 2003, S.193.

[68] Vgl. Downling/Drumm: Gründungsmanagement, 2003, S.241.

[69] Klandt: Gründungsmanagement: Der Integrierte Unternehmensplan, 2006, S.141.

zunehmend Gründerwettbewerber den Businessplan zur Voraussetzung für eine Teilnahme machten[70].

Ein Hauptaugenmerk sollte allerdings auch der Prozess der Erstellung eines Businessplanes sein, nämlich die Businessplanung. Dieser Planungsprozess hat einen fachübergreifenden und interdisziplinären Charakter. Dabei hat die betriebswirtschaftliche Komponente natürlich eine besondere Relevanz, denn das Know-How aus den verschiedenen betriebswirtschaftlichen Bereichen beeinflusst sowohl die Qualität als auch die Aussagekraft eines Businessplanes.

Eine weitere entscheidende Rolle bei der Erstellung eines Businessplanes ist die juristische Komponente. Von besonderer Bedeutung sind vor allem folgende Punkte:

- Handels- und Gesellschaftsrecht
- Arbeits- und Sozialrecht
- Bürgerliches Recht
- Steuer- und Finanzrecht

Die Berücksichtigung dieser eben genannten Punkte ist besonders relevant für die Vorbereitung von konstituierenden, unternehmerischen Entscheidungen. Diese Punkte legen nämlich das Wesen und die charakteristische Eigenschaft des Unternehmens fest. Dabei sollten allerdings auch die jeweiligen Folgekosten beachten werden, da diese den langfristigen Unternehmenserfolg maßgeblich beeinflussen[71].

4.1.2 Inhalte eines Businessplan

Die Zukunft eines Unternehmens steht und fällt mit der Planung. Die Planung beinhaltet die gedankliche Vorwegnahme der geschäftlichen Zukunft. Der Businessplan bildet dabei eine Art Keimzelle für die spätere Unternehmenspla-

---

[70] Vgl. Singler: Businessplan, 2006, S.7.

[71] Vgl. Gruber/Hammer/Urnik: Aktuelle Entwicklungen in der Unternehmensgründung, 2007, S.15.

nung[72]. Daher sollte ein Businessplan eine detaillierte Beschreibung eines vollständigen Gründungskonzepts enthalten und somit Auskunft über das Leistungsangebot angeben, aber auch Informationen über das Gründerteam bzw. Gründerperson liefern und die aktuelle Marktsituation beschreiben[73]. Der Businessplan ist demnach eine Zusammenfassung der wesentlichen und erfolgsentscheidenden Punkte eines Gründungsvorhabens[74]. In diesem Zusammenhang sprechen Downling und Drumm davon, dass ein brauchbarer Businessplan Klarheit über die Geschäftsidee beinhalten sollte. Allerdings sollte einschätzt werden können wie schnell das Unternehmen wachsen kann bzw. welche Risiken dem Unternehmen im Wege stehen könnten[75]. Das Unternehmensprofil sollte dabei auch wesentliche Angaben zum Unternehmen, zur Rechtsform- und Standortwahl sowie zur geplanten Eigentümerstruktur enthalten. Zudem sollten sich die Gründer über die Art der verfolgten Ziele und Strategien des Unternehmens im Klaren sein[76]. Typischerweise gliedert sich der Businessplan daher in drei Hauptbereiche:

1. Die verbale Beschreibung des Vorhabens in all seinen Teilaspekten stellt die Basis für die Entwicklung des quantitativen Teils dar. Dort wird detailliert beschrieben was genau der verbale Bereich aussagt.
2. Die zahlenmäßige Darstellung der wirtschaftlichen und finanziellen Tragfähigkeit.
3. Der Anhang, in dem Angebote, Prospekte, technische Zeichnungen als Belege zu den quantitativen und verbalen Aussagen gesammelt werden[77].

Bei der Erstellung des Businessplans darf nicht vergessen werden, dass dieser die Grundlage für die Verhandlungsgespräche mit potentiellen Gesellschaftern,

---

[72] Volkmann/Tokarski: Entrepreneurship; Gründung und Wachstum von jungen Unternehmen, 2006, S.100.
[73] Vgl. Klandt: Gründungsmanagement: Der Integrierte Unternehmensplan, 2006, S.142.
[74] Vgl. Ahr/Schwenk/Matros: Grundlagen, Tipps & Tricks für deine Existenzgründung: Start up!, 2011, S.97.
[75] Vgl. Downling/Drumm: Gründungsmanagement, 2003, S.241.
[76] Vgl. Entrepreneurship; Gründung und Wachstum von jungen Unternehmen, 2006, S.110.
[77] Vgl. Klandt: Gründungsmanagement: Der integrierte Unternehmensplan, 2006, S.142.

Finanzinstitutionen, für die Gespräche mit strategischen Partnern als auch für interne Strategie- und Planungskonzepte bildet[78].

4.1.3 Aufgabe eines Businessplans

Lange Zeit wurde der Begriff „Businessplan“ mit der Gründung von Unternehmen und deren Finanzierung in Zusammenhang gebracht. Unter einem Geschäftsplan – obwohl eigentlich nur die deutsche Übersetzung des englischen Begriffs – wurde ein Konzept für die Unternehmensstrategie verstanden[79]. Dabei soll der Businessplan potentielle Fremdkapitalgeber darüber informieren welches Ziel der Existenzgründer mit seiner Unternehmung verfolgt. Außerdem dient er neben einem persönlichen Gespräch als Beurteilungsgrundlage für den Kreditantrag[80]. Für den Existenzgründer selbst bietet der Businessplan die Möglichkeit die Unternehmensplanung in klaren Definitionen und Zahlen festzuhalten. Dies kann später als Kontrolle dienen, wenn das Erreichte mit den Planwerten verglichen wird[81].

4.1.4 Gliederung eines Businessplans

Bei der Gliederung eines Businessplans ist darauf zu achten, dass dieser den Ansprüchen der Informationsempfänger genügt. Daher haben sich in der Praxis folgende Punkte bewährt[82]:

- Die Beschreibung der Geschäftsidee (mit Informationen über den Gründer, das geplante Angebot und die Randbedingungen)
- Die Investitionsplanung (mit allen geplanten Ausgaben für die Gründung, für Vermögensgegenstände und Betriebsmittel)
- Die Finanzplanung (mit der geplanten Herkunft der benötigten finanziellen Mittel)
- Die Ergebnisplanung (mit den Erlösen und Kosten des Unternehmens in den ersten drei Jahren)

---

[78] Vgl. Nagl: Der Businessplan, 2005, S.Einleitung.
[79] Nagl: Der Businessplan, 2005, S.Einleitung.
[80] Vgl. Bleiber: Erfolgreiche Existenzgründung, 2011, S.165.
[81] Bleiber: Erfolgreiche Existenzgründung, 2011, S.165.
[82] Vgl. Bleiber: Erfolgreiche Existenzgründung, 2011, S.166.

- Die Liquiditätsplanung (mit dem Nachweis, dass das Unternehmen dazu in der Lage ist die notwendigen Geldströme zu generieren)[83].

Gerade der letzte Punkt ist besonders wichtig. Die Einnahmen sind von externen Faktoren beeinflusst, die leider zum Teil außerhalb der eigenen Macht liegen[84].

4.1.5 Typische Fehler eines Businessplans

Mögliche Fehler, die bei der Erstellung eines Businessplans entstehen können, sind vielfältig. So kommt es oft vor, dass die Zusammenfassung viel zu lang ausfällt. Dabei ist die Zusammenfassung nicht im Sinne einer Einleitung mit Verweisen auf Kapitel zu verstehen. Außerdem kommt es oft vor, dass eine zu technische Beschreibung von Einzelheiten im Businessplan enthalten ist, die der Leser an dieser Stelle möglicherweise nicht nachvollziehen kann[85]. Daher empfiehlt es sich bei der Formulierung empfängerorientiert vorzugehen[86]. Eine nicht vorhandene oder vernachlässigte Darstellung des Kundennutzens ist ein grundlegender Fehler, denn dieser sollte eine zentrale Rolle im Businessplan und in der Ausrichtung des Unternehmens einnehmen. Problematisch ist es, wenn sich Informationen der Zusammenfassung nicht im Hauptteil des Businessplanes widerspiegeln[87]. Gleiches gilt für Plandaten. Diese Probleme entstehen dann, wenn Finanzbedarf, Umsatzvolumen oder erwartete Renditen unklar sind. Solche Fehler, die zudem in der Zusammenfassung erkennbar sind, können zu einem Vertrauensverlust beim Leser führen. Ergebnis wird es sein, dass der Leser nicht mehr motiviert ist den gesamten Plan zu lesen[88].

---

[83] Bleiber: Erfolgreiche Existenzgründung, 2011, S.166-167.
[84] Ahr/Schwenk/Matros: Grundlagen, Tipps & Tricks für deine Existenzgründung; Start up!, 2011, S.99.
[85] Vgl. Volkmann/Tokarski: Entrepreneurship; Gründung von jungen Unternehmen, 2006, S.149-150.
[86] Vgl. Witt: Grundlagen der Businessplan-Erstellung in der Net Economy; in Kollmann: E-Venture-Management: Neue Perspektiven der Unternehmensgründung in der Net Economy, 2003, S.198.
[87] Volkmann/Tokarski: Entrepreneurship; Gründung von jungen Unternehmen, 2006, S.150.
[88] Vgl. Volkmann/Tokarski: Entrepreneurship; Gründung von jungen Unternehmen, 2006, S.150.

Ein weiterer typischer Fehler der Gründer ist oft zu vergessen nähere Angaben zur Ressourcenbeschaffung zu machen, selbst wenn es sich um knappe bzw. teure Ressourcen wie qualifizierte Mitarbeiter handelt. Zudem wird kaum auf den Wettbewerbsvorteil eingegangen. Oft zeigen die Gründer nicht bzw. wissen nicht, dass gerade der Wettbewerbsvorteil entscheidend für ihre Unternehmung ist. Daher schreckt es auch häufig die Adressaten ab, wenn der Gründer bei der Erstellung seines Businessplans vergessen hat das Wettbewerbsumfeld zu beschreiben. Nur wenn der Gründer in der Lage ist die genaue Wettbewerbssituation widerzuspiegeln und aufzuzeigen und seinen Wettbewerbsvorteil realistisch darstellt, wird er es schaffen bei den Adressaten ein Interesse zu wecken. Daher empfiehlt Witt auch, dass darauf eingegangen werden soll, wie der Wettbewerbsvorteil vom Unternehmen über die Zeit gehalten bzw. ausgebaut werden kann[89].

Ein weiterer Fehler bei der Businessplanerstellung ist das häufige Vergessen des Schutzes der Geschäftsidee. Daher ist es ratsam, sich ein Produkt oder aber einen Prozess frühzeitig patentieren zu lassen, da ansonsten der zukünftige Erfolg des Unternehmens vom Patentschutz abhängen kann. Gerade in der heutigen Zeit gibt es in allen Industrien bzw. Geschäftsbereichen genügend finanzkräftige Wettbewerber, die ein bedrohendes Patent zum stürzen bringen wollen[90].

Zusammenfassend kann hier festgehalten werden, dass es heutzutage nach dem Absturz der New Economy immer schwieriger wird an Fremdkapitalgeber oder aber Investoren zu gelangen[91].

---

[89] Vgl. Witt: Grundlagen der Businessplan-Erstellung in der Net Economy; in Kollmann: E-Venture-Management: Neue Perspektiven der Unternehmensgründung in der Net Economy, 2003, S.198.

[90] Vgl. Heucher/Ilar/Kubr/Marchesi: Planen, gründen, wachsen: Mit dem professionellen Businessplan zum Erfolg, 2000, S.53.

[91] Vgl. Nagl: Der Businessplan, 2005, S.210.

4.1.6 Ziele eines Businessplans

Ziele eines Businessplans und deren Adressaten können entweder intern oder extern sein. Eine interne Ausrichtung liegt dann vor, wenn der Businessplan auf die Initiatoren und die Partner des Unternehmens gerichtet ist. Dagegen steht die externe Ausrichtung. Externe Adressaten wären z.B. potentielle Kunden und zukünftige Kapitalgeber. Die externe Ausrichtung spielt bei der Erstellung eines Businessplanes eine besondere Rolle, da die Kapitalgeber die wichtigsten Adressaten bei einem Businessplanes sind. Gründe hierfür liegen in der schlechten finanziellen Lage, in der sich junge Startup Unternehmen meistens befinden. Zusammenfassend ist zu sagen, dass dem Businessplan zwei besondere Aufgaben bzw. Ziele zu kommen:

1. Der Businessplan soll das Ziel verfolgen, potentiellen Kapitalgeber, also externe Adressaten, sowohl mit quantitativen als auch mit qualitativen Informationen zu informieren.
2. Der Businessplan soll aber auch den internen Geschäftsbereichen die Informationen über u.a. der Finanzsituation, Chancen und Risiken, Marketingstrategie und Marktbeurteilung liefern[92].

4.1.7 Executive Summary-Die Zusammenfassung des Businessplanes

Die Executive Summary soll nicht mehr als zwei Seiten in Anspruch nehmen. In ihr müssen alle wesentlichen Teile und Aussagen enthalten sein. Die Executive Summary ist eine Zusammenfassung des bis dahin beschriebenen Planes, daher dürfen an dieser Stelle keine Überraschungen mehr auftauchen. Die Executive Summary dient dem Management bzw. Investoren und hilft dabei diese über das eigene Vorhaben zu informieren. Daher ist es besonders wichtig eine klare Gliederung und eine saubere Darstellung des Vorhabens zu haben. Um es dem Leser einfacher zu machen und um die Zusammenfassung klarer strukturieren zu können, empfiehlt es sich daher hier Überschriften zu verwenden. Diese Überschriften sollen möglichst schlagwortartig dessen Inhalt auf

---

[92] Vgl. Oehlrich: Betriebswirtschaftslehre; Eine Einführung am Businessplan-Prozess, 2010, S.11-12.

interessante Art und Weise wiedergeben. Die Executive Summary abzufassen ist meist schwieriger als den Businessplan an sich zu schreiben. Allerdings sollte gewissenhaft und mit Engagement an diese herangegangen werden, da der Nutzen aus der Summary enorm sein kann[93].

Neben der Executive Summary sind die persönlichen Daten der Gründer die zweitwichtigste Information für potentielle Investoren. Deshalb sollte die Vorstellung des Gründerteams im Businessplan direkt nach der Executive Summary folgen. Dieser Abschnitt sollte auch versuchen die besondere Intention bzw. Motivation und die unternehmerische Energie der Jung-Unternehmer widerzuspiegeln[94].

4.2 Bestimmte Merkmale des Internet Startup

Unternehmer, die ein Internet Startup gründen, müssen andere Eigenschaften mitbringen als Unternehmer, die eine Geschäftsidee verfolgen, welche nichts mit dem Internet zutun hat. Neben den klassischen Unternehmereigenschaften z.B. Risikobereitschaft, Selbstvertrauen, Unabhängigkeit, Führungswille und Leistungswille, muss der Gründer eines IS spezifische Merkmale mitbringen. Zu diesen spezifischen Eigenschaften gehören: Technologie-Affinität, Kommunikationsfähigkeit, Ungeduld, Intuition und ein Gespür für die aktuellen unternehmerischen Chancen. Bei der Technologie-Affinität muss der Gründer in der Lage sein die technologische Entwicklung als Erster zu erkennen und zu wissen wie er diese Entwicklung für sein Unternehmen nutzen kann. Die Gründerszene im Internet ist im Vergleich zu anderen Milieus überdurchschnittlich kommunikativ. Ein Indikator hierfür liefert z.B. die überdurchschnittliche Anzahl an Kontakten auf Sozialen Netzwerken wie Xing. Gründer von Internet Startup Unternehmen zeichnet aber auch die Ungeduld aus. Die Ungeduld kommt bei den Gründern durch das Verspüren des Wunsches typische Karriereschritte schneller als üblich zu durchleben zum Ausdruck . Das Internet bietet im Vergleich zu den

---

[93] Vgl. Herzog: Mein Businessplan, 2009, S.108-109.

[94] Vgl. Witt: Grundlagen der Businessplan-Erstellung in der Net Economy; in Kollmann: E-Venture-Management: Neue Perspektiven der Unternehmensgründung in der Net Economy, 2003, S.194-195.

klassischen Branchen auch die Möglichkeit persönlichen Ziele im Schnelldurchlauf zu erleben bzw. zu erreichen. Durch dieses Medium stellt sich eine ganz besondere Art des Unternehmertums und der Umsetzung eigener Ideen dar. So besteht für Internet Startups die Möglichkeit bei einer guten Idee und einem starken Umsetzungswillen innerhalb von 1-2 Jahren zum nationalen oder Internationalen Player aufzusteigen[95].

4.3 Venture-Capital Gesellschaften

Venture Capital-Unternehmen sind gewerbliche Teile des formellen Marktes für Beteiligungskapital[96]. Der Begriff Venture Capital stammt aus den USA und bezeichnet die Bereitstellung von haftendem Eigenkapital oder eigenkapitalähnlichen Mitteln[97]. Typische Venture Capital Unternehmen investieren in Technologie-Unternehmen in der Early-Stage-Phase[98]. Der formelle Charakter steht dabei synonym für nicht-privates bzw. Institutionsabhängiges Risikokapital. Sie finanzieren ebenfalls nicht-börsennotierte junge Unternehmen mit Eigenkapital und unterstützen diese Startup Unternehmen meist zusätzlich noch aktiv mit ihrer Expertise. Dabei steht jedoch nicht die Innovationsentwicklung für die Investoren im Vordergrund, sondern das mit hohen Gewinnen verbundene Wachstum durch die Markteinführung eines neuen Produktes[99].

4.4 Business Angels

Wetzel beschreibt einen Business Angel als „diverse and diffuse population of individuals of means, many of whom have created their own successful ventures“. Allerdings spricht er auch davon, dass Business Angels folgende Merkmale erfüllen müssen:

---

[95] Vgl. Gruenderszene: Verfügbar unter: http://www.gruenderszene.de/allgemein/grunderstimmung-20-was-zeichnet-die-aktuellen-web-grunder-aus am 13.05.2012

[96] Vgl. Brettel/Jaugey/Rost: Business Angels – Der informelle Beteiligungskapitalmarkt in Deutschland, 2000, S.66.

[97] Vgl. Ahr/Schwenk/Matros: Grundlagen Tipps & Tricks für deine Existenzgründung; Start up!, 2011, S. 93.

[98] Vgl. Dowling/Drumm: Gründungsmanagement, 2003, S.121.

[99] Vgl. Kollmann: E-Entrepreneurship, 2011, S.404.

1. Sie müssen über 1.mio $ verfügen und jährlich ein Einkommen von über 100.000$ haben.
2. Fundierte Geschäfts- und finanzielle Erfahrungen müssen vorhanden sein.
3. Sie müssen die Fähigkeit besitzen, Chancen und Risiken potentieller Investitionen zu bewerten.
4. Sie dürfen nicht mit finanzierten Unternehmungen verbunden sein.
5. Sie müssen gewollt sein finanzielle Risiken einzugehen, um dadurch bedeutende Erträge zu erwirtschaften.
6. Sie müssen Willens sein Kapital für längere Zeit bereitzustellen, mit dem Ziel ebenfalls Erträge zu erwirtschaften[100].

Der Business Angel bringt anderen aufgrund seiner bisherigen Tätigkeiten ein spezielles Branchen-Know-How bei, welches für das Gründungswesen besonders notwendig ist[101].

Durch das Bild des „Engels" wird angedeutet, dass der Mehrwert für ein Unternehmen durch eine Business Angel Finanzierung von eben diesen zwei Flügeln getragen wird. Genau darin liegt deren Bedeutung[102]. Sie konzentrieren sich auf die Anfangsphase einer Unternehmensgründung und engagieren sich somit vornehmlich in der Seed- und Startup Phase eines Unternehmens[103]. Wenn es geschafft wurde das Interesse eines Business Angel geweckt zu haben, muss der Gründer des SU diesem plausibel und realistisch aufzeigen, inwieweit die aufgeführten Zahlen stimmen. Wichtig ist an dieser Stelle zu betonen, dass die Investoren meist zwar Erfahrung in ihrem Geschäftsfeld haben, aber diese auch häufig Laie auf dem Gebiet des Gründers sind. Daher sollte der Businessplan

---

[100] Vgl. Wetzel: Venture Capital, 1994, S.172-193.
[101] Vgl. Kollmann: E-Entrepreneurship, 2011, S.303.
[102] Vgl. Kollmann: E-Entrepreneurship, 2011, S.303.
[103] Vgl. Eigenkapitalausstattung von Existenzgründungen, 2000, S.202.

kein kompliziertes Fachjargon enthalten, so dass der Business Angel die Idee versteht und einschätzen kann, ob diese für ihn interessant sein könnte[104].

4.5 Banken / Kreditinstitutionen

Gerade bei kleinen mittleren Unternehmen liegt die Eigenkapitalquote im Schnitt bei ca. 10%. Dies bedeutet, dass rund 90% des Unternehmenskapitals Fremdkapital ist, das meistens von einer Bank oder aber über ein Fördermittelprogramm generiert wurde. Für den Gründer eines Internet Startup Unternehmens bedeutet dies, dass er sich rechtzeitig um einen solchen Kredit kümmern muss, denn die Bearbeitungszeit für einen entsprechenden Antrag kann sechs bis acht Wochen dauern. Allerdings haben sich auch seit Basel II (Bindung des Volumens der ausgehändigten Kredite einer Bank an die Eigenkapitalhöhe) die Kriterien für eine Kreditvergabe verschärft, mit dem Ergebnis, dass nun nicht mehr Kredite in beliebiger Höhe vergeben werden können. Daher ist es für einen erfolgreichen Darlehensantrag so wichtig, dass der Businessplan gut durchgearbeitet wurde und alle Unklarheiten verständlich gemacht wurden. Sinnvoll kann es hier sein den Businessplan mithilfe eines Ratingverfahrens prüfen zu lassen. Dabei werden zum einen harte Plandaten, z.B. Absatz, Umsatz, Kosten usw. und zum anderen die sogenannten weichen Eigenschaften z.B. Management- und Führungsqualitäten oder aber notwendiges Fachwissen[105].

4.6 Staatliche Unterstützung

In Deutschland gibt es eine Reihe von Fördermöglichkeiten, die allerdings nicht jeder Personengruppe zugänglich sind. Es gibt speziell für Arbeitslose Fördermöglichkeiten oder auf Branchen bzw. Bundesländer oder aber Regionen beschränkte Subventionen. Auch existieren Programme, die für Frauen, ältere Personen oder aber Migranten bestimmt sind. Diese Förderungen reichen von

---

[104] Vgl. Lübke: Business Angels und Existenzgründer; Strategien für eine erfolgreiche Transaktionsbeziehung, 2004, S.26.
[105] Vgl. Herzog: Mein Businessplan, 2009, S.175.

einer Kreditbürgschaft über Zuschüsse bis hin zu direkten Krediten[106]. Eine weitere Möglichkeit wäre es bei der Bundesagentur für Arbeit einen sogenannten Gründungszuschuss zu beantragen. Dieser setzt sich aus dem Betrag, der einem mit dem ALG 1 zugesichert wurde und 300€ zur sozialen Absicherung zusammen; er muss nicht zurückgezahlt werden. Um diesen Zuschuss in Anspruch nehmen zu können, ist es vorgeschrieben als arbeitslos gemeldet zu sein und darf das 65. Lebensjahr nicht überschritten haben. Allerdings muss die Bundes Agentur für Arbeit auch von dem vorgelegten Businessplan überzeugt sein[107].

Förderungen sind nicht nur eine Alternative zu Krediten, sondern vielmehr eine Ergänzung. So ist für einige Förderungen ein Mindestteil an Eigenkapital notwendig. Andererseits lassen sich kreditfinanzierte Vorhaben zum Teil bezuschussen[108].

4.7 Private Equity

Private Equity ist ein Oberbegriff für das Eigenkapitalgeschäft außerhalb der Börsen. Er umfasst sowohl Venture Capital und ist mit diesem über weite Strecken identisch, deckt aber auch angrenzende und ergänzende Geschäftsfelder ab, darunter insbesondere die Bereiche Buyout und Mezzanine. Der Übergang zum börsenmäßig organisierten Eigenkapitalgeschäft befindet sich in jüngeren Einrichtungen des organisierten Kapitalmarkts, welche meist als Technologiebörsen bezeichnet werden[109] . Da die Investoren am wirtschaftlichen Erfolg des Unternehmens beteiligt werden, kann man bei Private Equity von einer Kapitalunterstützung auf Zeit sprechen. Das Geld wird bei einem Private Equity-Vorgang durch eine Kapitalbeteiligungsgesellschaft bereitgestellt. Dabei ist zu erwähnen, dass die Kapitalbeteiligungsgesellschaft dem Startup

---

[106] Vgl. Ahr/Schwenk/Matros: Grundlagen, Tipps & Tricks für deine Existenzgründung, 2011, S.90.

[107] Vgl. Gruenderszene: Verfügbar unter: http://www.gruenderszene.de/finanzen/fordermittel-und-forderprogramme-zur-finanzierung-von-startups am 13.05.2012

[108] Ahr/Schwenk/Matros: Grundlagen, Tipps & Tricks für deine Existenzgründung, 2011, S.90.

[109] Leopold/Frommann/Kühr: Private Equity Venture Capital; Eigenkapital für innovative Unternehmer, 2003, S.7.

Unternehmen beratend zur Seite steht. Der Grund wieso gerade junge SU für Private Equity so interessant sind, ist weil Private Equity sich gezielt Startup Unternehmen raussuchen, die ein gutes Wachstumspotential aufweisen. Dabei ist das Ziel des Unternehmens ein steigender Unternehmenswert, an dem die Kapitalbeteiligungsgesellschaft partizipiert, sobald sie sich von ihrer Beteiligung trennt[110].

[110] Vgl. BMF: Verfügbar unter: http://www.bundesfinanzministerium.de/nn_39842/DE/BMF__Startseite/Service/Glossar/P/001__Private__Equity.html am 13.05.2012

5. Was bei einer Internet Startup Gründung beachtet werden sollte

In diesem Teil der Arbeit will der Verfasser vorschlagen, was bei der Gründung eines Internet Startup beachtet werden sollte. Dabei geht er sowohl auf das Gründerteam als auch auf die wichtige Bedeutung des Namens der Unternehmung ein. Gerade bei IS ist das Marketing besonders wichtig und daher werden an dieser Stelle verschiedene Marketingmaßnahmen vorgestellt. Am Ende dieses Abschnittes sollen die Schwierigkeiten aufgezeigt werden, die eine Gründung im Internet mit sich bringt, aber auch welche Chancen den Risiken gegenüberstehen können.

5.1 Das Gründerteam

Das Gründungsteam ist ein nicht zu unterschätzender Faktor. So steht dieser bei Investoren oft an zweiter Stelle, nämlich als Investitionskriterium. Der Grund, weshalb das Team oft nur an zweiter Position steht, liegt darin, dass an erster Stelle der sehr starke Technologiefokus als auch die Erfahrung aus vergangenen Investitionen steht. Daher sollte vor der Gründung gut darüber nachgedacht werden, wer alles ins Gründerteam aufgenommen werden soll und wer nicht. Gerade das Internet Startup Unternehmen sollte aus drei Teammitgliedern bestehen. An erster Stelle steht der Gründer bzw. Kopf des Teams. Dieser muss es schaffen, die anderen Teammitglieder zu motivieren und anzutreiben. Im Idealfall handelt es sich um eine Person, die kreativ ist bzw. Visionen hat und sehr gut einschätzen kann wohin die Märkte sich entwickeln. An zweiter Stelle steht der Techniker. Dieser kennt das Produkt und die dahinter steckende Technologie bis ins kleinste Detail. Der Techniker muss gerade bei Investorengesprächen den Investoren Rede und Antwort stehen. An dritter Stelle steht der Verkäufer. Der Verkäufer sollte eine möglichst charismatische Person sein, die ein überzeugendes Auftreten besitzt und über eine sehr ausgeprägte soziale Kompetenz verfügt. Diese ist besonders wichtig, um sich in die Lage der Kunden hineinzuversetzen und diese zu verstehen. Allerdings ist an dieser Stelle zu betonen, dass je nach Größe des Teams die Rolle des Verkäufers oft auch der Gründer übernimmt. Zusammenzufassend ist zu sagen, dass es sicherlich keine leichte Aufgabe ist ein Team aufzustellen, das die oben genannten Eigenschaften erfüllt. Allerdings hat es sich in der Praxis als nützlich erwiesen alles daran zusetzen dies zu schaffen, da der spätere Nutzen enorm sein kann[111].

Es ist sehr gut dokumentiert, dass in der Vergangenheit viele Startups nur erfolgreich waren, weil ihre Teammitglieder so gut interagiert haben. Gerade bei jungen Unternehmen hilft es den Gruppenmitgliedern sehr, dass es kaum eine mögliche Unternehmensstruktur gibt, bei der es bspw. verschiedene Hierarchien gibt. Jeder im Team sollte sich daher gleichermaßen für das Projekt verantwortlich fühlen und sich auch komplett mit der Idee identifizieren[112].

Dieser Abschnitt soll darauf abzielen, dass es nicht immer nur auf die Idee ankommt, die ein Internet Startup verfolgt, sondern auch die Personen, die im Gründerteam stecken, einen wesentlichen Faktor darstellen und einen entscheidenden Grund für den Bestand des Vorhabens liefern. Selbst wenn ein Geschäftsmodell auf dem Internet basieren soll, hat es nicht nur Vorteile, wenn alle Mitglieder des Gründerteams z.B. Informatiker sind. Sie brauchen auch eine Person im Team, die das Geschäftsmodell „verkaufen" kann- also potentiellen Investoren deutlich macht, dass ihre Idee sinnvoll und zugleich innovativ ist. Wie eben schon erwähnt müssen die Informatiker im Team vorhanden sein und auf die eventuell offenen Fragen des Investors eingehen. Während der Ausarbeitung der Studie ist dem Verfasser aufgefallen wie entscheidend es hier für den Investor ist zu merken, dass er es mit Experten zutun hat. Dies ist besonders wichtig, da in der Praxis häufig Investoren zwar von der Idee begeistert waren, aber gemerkt haben, dass Personen im Team enthalten sind, die „ausgetauscht" werden sollten[113].

---

[111] Vgl. Bildungs-News: Verfügbar unter: www.bildung-news.com/bildung-und-karriere/das-start-up-dream-team/ am 13.05.2012

[112] Vgl. Nokes: startup.com; Everything you nett to know about starting up an Internet Company, 2000, S.61.

[113] Vgl. Hofert: Existenzgründung im Team: Der erfolgreiche Weg in die Selbständigkeit, 2006, S. 52-54.

An solch einer Tatsache kann ein Team und somit dessen Idee zerfallen; bei der Auswahl der Teammitglieder sollten alle eventuellen Geschehnisse bedacht werden.

5.2 Namensgebung der Firma/Rechtsform

Einer der wichtigsten Punkte in der Unternehmensgründung ist das Gebiet, in dem das Unternehmen tätig sein will und somit auch die Frage nach dem richtigen Namen. Wenn sich das Unternehmen z.B. nur auf den deutschen Markt konzentrieren möchte, dann sollte es einen Namen (Name wird in diesem Zusammenhang auch häufig als „Domain" bezeichnet) wählen, den jeder Bürger in Deutschland verstehen kann. Wenn aber ein deutsches Unternehmen in einem internationalen Markt agieren will, dann nützt es diesem nichts einen deutschen Namen bzw. eine deutsche Internetadresse zu tragen, denn diesen werden nur die wenigsten Menschen im internationalen Raum verstehen können. Ein Beispiel hierfür wäre wer-kennt-wen.de. Dieses soziale Netzwerk beschränkt sich nur auf den deutschsprachigen Raum und hatte auch nicht in seinem Businessplan vorhergesehen in anderen Ländern tätig zu werden. Wäre dies der Fall gewesen, hätte wer-kennt-wenn.de sich wie das Schuhversandhaus Zalando einen erfundenen Namen gewählt, den man aber auch in anderen Ländern aussprechen kann. Zalando hat nämlich von Beginn an vorgehabt, dass Unternehmen auszubauen und auch in anderen Ländern zu agieren. Allerdings sollten bei der Namensgebung auch wichtige Dinge beachtet werden. So muss gem. § 18 I HGB der Firmenname zur Kennzeichnung des Kaufmanns geeignet sein und Unterscheidungskraft besitzen.

Bei der Namensgebung wird nach dem bekannten Prinzip des „first come, first served" gehandelt. Demnach bekommt derjenige die entsprechende Domain, der diese zuerst angemeldet hat. Somit verfügt der Domaininhaber über ein Gut von hohem wirtschaftlichen und finanziellen Wert[114]. In der Praxis kommt es auch häufig vor, dass sich Unternehmer Domains sichern, die ihrer Meinung

[114] Vgl. Gruber/Mader: Internet und e-commerce, 2000, S.70.

nach in Zukunft gefragt sein werden und diese dann gewinnbringen weiterverkaufen.

5.3 Konkurrenzverhältnis im Wettbewerb

Gerade im Internet befindet sich in fast jedem Marktsegment eine Menge von Wettbewerbern. Diese gilt es schon in der Gründungsphase zu beachten und zu analysieren. Geschieht dies erst später bzw. danach, so ist es meist zu spät, da die Wettbewerber schon mehr über das eigene Unternehmen wissen als gedacht und demnach besser auf ihren Markteintritt reagieren können. Daher gilt es seine Stärken zu nutzen, auszubauen und gleichzeitig die eigenen Schwächen so gering wie möglich zu halten. Wenn jemand Kenntnis darüber hat, dass der Wettbewerber über einen relativ großen Nutzerstamm verfügt, aber ein sehr kompliziertes Menü hat, gilt es die eigene Internetseite so benutzerfreundlich wie nur eben möglich zu gestalten. Im Bereich Bücher z.B. ist es heutzutage für jeden sehr einfach und unkompliziert sich das Buch seiner Wahl Online zu bestellen. Musste man noch vor ein paar Jahren zum Buchhändler, um seine Studienbücher zu bestellen, die meist auch noch wesentlich überteuert waren, so besteht heute die Möglichkeit sich die Bücher direkt beim Händler zu bestellen. Außerdem besteht heute die Möglichkeit sich spezieller Internetseiten zu bedienen, wie Amazon oder Ebay, welche u.a. Bücher auch gebraucht oder zu einem günstigeren Preis verkaufen.

5.4 Marketingmaßnahmen für Internet Startups

Will ein Startup Unternehmen sein Geschäftsmodell im Internet aufbauen ist vor allem eine Frage entscheidend: „Wie generiere ich neue Kunden bzw. Nutzer?". Die Antwort auf diese Frage ist Werbung. Jedes Unternehmen muss sich nämlich über eins bewusst sein. Häufig ist Zeit ein begrenztes Gut, daher kann nicht darauf gewartet werden, dass Kunden zu einem kommen, sondern man muss selbst den Kunden erreichen bzw. ansprechen. In der heutigen Zeit, in der das Wort „Facebook" allgegenwertig ist, sollte auf dieses Spektrum zurückgegriffen werden. Ohne jegliche Kosten ist jeder Gründer in der Lage auf Facebook eine eigene Seite für sein Unternehmen aufzubauen. Potentielle Kunden können eingeladen werden und anschließend z.B. darauf aufmerksam gemacht werden mit welchen innovativen Produkten das Unternehmen demnächst im Markt agieren will.

Ein Beispiel für ein Unternehmen, dass beim Start der Unternehmung vollkommen auf Werbung verzichtet hat ist wer-kennt-wen.de. Die Gründer von wer-kennt-wen.de hatten nämlich anfangs kaum Startkapital, so dass sie zu Beginn der Seite nur Freunde, Bekannte und Verwandte einluden. Diese wiederum luden ihre Freunde ein mit dem Ergebnis, dass die Mitgliederzahl auf 50000 angestiegen ist[115]. Eine andere Möglichkeit den Bekanntheitsgrad eines Unternehmens zu „pushen" ist die Internetplattform „Twitter". Hier besteht die Möglichkeit schnell und ohne großen Aufwand die Welt darüber zu informieren welche Dinge im Unternehmen gerade passieren. Der Faktor Internet stellt daher eine besondere Herausforderung dar. Früher waren die Menschen häufiger an der frischen Luft, so dass die Unternehmen z.B. auf Firmen wie Ströer draufzugegangen sind, die die Philosophie des Out of home media verfolgen und Menschen beispielsweise mit Werbung füttern wollten, während diese an der Ampel stehen. Heute ist es eher der Fall, dass die Menschen auf die Werbung des Internets geschult sind. Diesen Faktor muss ein Unternehmen zu nutzen wissen. So würde ein Unternehmen was Fleisch vertreibt nicht unbedingt auf einer Vegetarier Plattform für sein Produkt werben. Diese Faktoren sind im Vorfeld genauestens zu planen. Wenn das Unternehmen den exakten Userstamm und seine Vorlieben kennt, ist der Erfolg kaum aufzuhalten. Bestes Beispiel dafür ist die Applikation Foursquares. Dieses Unternehmen weiß recht genau wie der typische Nutzer dieser Applikation aussieht, was er sich im TV anschaut und welchen Lifestyle er verfolgt. Daher nutzte einer der Investoren, namens Ashton Kutcher (der zudem auch noch Hauptdarsteller der US Serie „ Two and a half men" ist) die Sendung, um für das Startup Werbung zu machen. Die hervorragende Sendezeit sorgte dafür, dass in kürzester Zeit Millionen von Menschen auf den Namen „Foursquare" aufmerksam wurden. Ein weiterer Vorteil dieses Vorhabens war die weltweite Ausstrahlung dieser Serie.

---

[115] Vgl. FAZ: Verfügbar unter: http://www.faz.net/aktuell/wirtschaft/netzwirtschaft/gruender-von-wer-kennt-wen-de-mit-4000-nutzern-geplant-jetzt-sind-es-fuenf-millionen-1738540.html am 13.05.2012

Somit wuchs der Bekanntheitsgrad in anderen Ländern exponentiell, was den Markteintritt für das Unternehmen enorm vereinfachte[116].

5.4.1 Viral Marketing

In jüngster Vergangenheit haben Internet Startup Unternehmen versucht aus ihren Produkten regelrechte Marken zu erzeugen. Dieses Vorhaben hat die jungen Unternehmen meist Unsummen gekostet und war zudem oft unwirksam. Daher versuchen viele Unternehmen heutzutage u.a. mit Viral Marketing ihre Produkte oder Dienstleistungen im Markt bekannt zu machen.

„Viral" bedeutet Virus und soll in diesem Zusammenhang das Auslösen und Kontrollieren von Mundpropaganda bedeuten, die zum Zwecke der Vermarktung von Unternehmen und deren Leistung zu verstehen ist. Wichtig ist hier zu beachten, die Informationen, die sich über Mundpropaganda ausbreiten sollten, so aufzubereiten, dass der Bekanntheitsgrad des Produktes eine exponentielle Wachstumsrate hervorruft. Das Viral Marketing beschreibt eine Konzeption, bei der andere Internetuser gezielt dazu gebracht werden, die eigenen Kommunikationsbotschaften im Netz kostenlos zu verbreiten. Vergleicht man die kommerziellen Marketingmethoden mit dem Viral Marketing, so wird festgestellt, dass es sich bei dem Viral Marketing um eine sehr kosteneffiziente Weiterverbreitung von Werbeinhalten handelt. Hier werden gezielt die Netzeffekte des Internets ausgenutzt, denn die Werbebotschaften werden automatisch weitergeleitet und erreichen somit immer neue Adressaten; die Verbreitung kann jedoch nicht kontrolliert werden[117].

Eines der bekanntesten Beispiele, bei dem Viral Marketing eingesetzt wurde, ist der Film „The Blair Witch Project". Hier haben die Filmemacher sich auf eine wahre Geschichte bezogen, in der amerikanische Studenten in einem Wald dem Mythos einer Hexe auf den Grund gehen wollten. Diese filmten ihr Vorha-

---

[116] Vgl. Werben & Verlaufen: Verfügbar unter: http://www.wuv.de/nachrichten/medien/ashton_kutcher_nutzt_two_and_a_half_men_fuer_schleichwerbung am 13.05.2012

[117] Vgl. Kollmann: E-Business; Grundlagen elektronischer Geschäftsprozesse in der Net Economy, 2007, S. 298.

ben doch verschwanden aus mysteriösen Gründen. Die Produzenten des Films ahmten das geschilderte Geschehen so exakt und täuschend echt nach, dass die Zuschauer sich unsicher waren, ob der Film die tatsächlichen Filmmaterialien enthielt oder diese nachgestellt wurden. Diese Unsicherheit sorgte für eine große Diskussion bzgl. des Films Mit dem, dass dieser bei Produktionskosten von ca. 40.000$ allein in Nordamerika 140.000.000$ einspielte[118].

Um das Viral Marketing erfolgreich nutzen zu können, muss bedacht werden, dass vor allem Gelegenheitsempfehlungen, die nicht auf langfristigen Beziehungen mit einer Marke oder aber einem Unternehmen beruhen, relevant sind. Gründe wieso Viral Marketing gerade für Internet Startups so interessant sein kann, ist die hohe Geschwindigkeit, die bei der Verbreitung von Marketingviren im Internet realisiert werden kann[119].

5.4.2 E-mail Marketing

Das E-mail Marketing ist eine Form des Direktmarketings. Es dient primär dazu, den Nutzer auf die unternehmenseigene Website weiterzuleiten und ihn über das Unternehmen zu informieren. Die Ziel Website kann allerdings auch eine eigens für eine bestimmte Kampagne eingerichtete Seite sein. Diese Seite wird in der Literatur auch häufig als sogenannte „Landing Page“ bezeichnet[120].

Die E-mail sollte personalisiert sein und sollte aus einer Kopfzeile mit Firmenlogo des Absenders, einem Inhaltsverzeichnis, einem Editorial und einzelnen Meldungen bestehen. E-mail Marketing ist in der heutigen Zeit, in der das Internet allgegenwärtig ist, eine optimale Lösung, um z.B. bestehende Kunden an ein Produkt zu binden bzw. potentielle neue Kunden über ein Produkt zu informieren. Musste die Post früher zu den jeweiligen Personen mit einem teuren Porto verschickt werden, so können heute kostengünstige E-mails an

---

[118] Vgl. Langner: Viral Marketing: Wie sie mit Mundpropaganda gezielt auslösen und Gewinn bringend nutzen, 2007, S.105 ff.

[119] Vgl. Schmahl: Moderne Online-Marketing-Methoden; Affiliate Marketing, Suchmaschinen Marketing, Viral Marketing und Web 2.0, 2007, S.67.

[120] Vgl. Lammenett: Praxiswissen Online-Marketing; Affiliate- und E-Mail-Marketing; Keyword-Advertising; Online-Werbung;-Suchmaschinen-Optimierung, 2006, S.49.

Menschen in der ganzen Welt verschickt werden. Gerade für junge Internet Startups ist diese Form des Marketings zu empfehlen. So bietet die E-mail eine hohe Versandgeschwindigkeit mit verschiedenen Gestaltungsmöglichkeiten. Allerdings hat das mehrfache Auftreten von sogenannten Spam E-Mails dafür gesorgt, dass die Internet Nutzer bei E-Mails von unbekannten Absendern misstrauisch wurden[121]. Allerdings hat das E-Mail Marketing noch weitere Nachteile. Zum einem besteht das Problem, dass sich viele E-Mail Programme in der HTML Darstellung unterscheiden. Dies führt oft dazu, dass die Nachricht mit der enthaltenden Werbung zerstückelt an den Empfänger zugestellt wird und die Mail dadurch unbrauchbar ist. Außerdem ist darauf zu achten, die Werbung nicht größer als 5-10 Megabyte zu verpacken, da ansonsten die E-Mails nicht mehr geöffnet werden kann[122].

5.4.3 Guerilla Marketing

Der Begriff „Guerilla“ stammt aus dem Unabhängigkeitskrieg in Spanien und Portugal, der Anfang des 19 Jahrhunderts geführt wurde. Guerillakämpfer wussten, dass sie auf den offenen Schlagabtausch mit den Truppen Napoleons unterlegen waren und griffen daher von abgelegenen und eher unzugänglichen Orten aus an. Die Guerilla Kämpfer prägt der Überraschungsangriff. Dieser setzt eine hohe Mobilität und Flexibilität allerdings voraus. Der Guerilla Krieg wird auch oft als „Waffe der Schwachen“ benutzt[123]. Hier kann abgeleitet werden, dass man den „Schwachen“ Krieger als ein Internet Startup Unternehmen sieht, dass gegen die Großen Marktteilnehmer auf den ersten Blick eher geringe Chancen hat, um sich im Markt zu etablieren. Doch gerade durch ihre meist ausgeprägte Art der Kreativität können sie diejenigen ärgern, die auf den ersten Blick noch so unantastbar erscheinen. Ein weiterer Vorteil, den junge Startup Unternehmen im Vergleich zu ihren möglicherweise großen Konkurren-

---

[121] Vgl. Ploss: Handbuch E-Mail Marketing, 2002, S.32-38.

[122] Vgl. Langner: Viral Marketing; Wie sich Mundpropaganda gezielt auslösen und Gewinn bringen nutzen, 2005, S.65 ff.

[123] Vgl. Guerllia Marketing: Verfügbar unter: http://www.kahlsdorf.de/de-deutsch-Werbeagentur/Werbeagentur-Hamburg-know-how/Guerilla-Marketing-Werbeagentur-Hamburg-Norderstedt.htm am 13.05.2012

ten genießen, ist das freie und meist unbeschwerte Handeln. Die Internet Startup Unternehmen müssen sich nicht einem vorgegebenen Handlungsprozess unterziehen, sondern können freie Entscheidungen treffen und dementsprechend handeln.

Sehr treffend beschreibt Welling das Guerilla Marketing als die Kunst, den von Werbung übersättigten Konsumenten größtmögliche Aufmerksamkeit durch unkonventionelles bzw. originelles Marketing zu entlocken. Dazu sei es notwendig, dass sich der Guerilla-Marketeer möglichst außerhalb der klassischen Werbekanäle und Marketing Traditionen bewegt[124].

Um Guerilla Marketing erfolgreich durchführen zu können, gibt es verschiedene Guerilla Instrumente. Zum einen gibt es die Low-Budget Marketing Möglichkeit. Dieses Instrument lehnt sich an die Bedürfnisse von kleinen und mittelständischen Unternehmen an, deren Budget für z.B. Werbung gering bzw. begrenzt ist. Ein weiteres Instrument des Guerilla Marketing ist das Inline und Mobile Guerilla Marketing. Dieses Instrument befasst sich ausschließlich mit den Möglichkeiten und Herausforderungen des World Wide Web und des Mobilfunkmarktes. Es gibt allerdings auch noch das Instrument des klassischen bzw. des Offline Guerilla Marketing. Hier wird der Fokus auf die Kommunikationsinstrumente z.B. Außenwerbung und Sponsoring gelegt[125]. Das letzte Instrument des Guerilla Marketings ist das sogenannte strategische Marketing. Hier wird mit einem relativ geringen Etat praxisgerecht umgegangen bzw. umgesetzt, so dass dennoch eine große Wirkung erzielt werden kann. Hier wird Guerilla Marketing auf die Bereiche Preis, Produkt und Distribution übertragen. Das Instrument des strategischen Marketings charakterisiert somit Einfachheit und Genialität[126].

---

[124] Vgl. Welling: Guerilla Marketing in der Kommunikation, 2005, S.9.

[125] Vgl. Kanbach: Ein Einblick in Guerilla Marketing; Grundlagen, Theorie und Praxis, 2007, S.33-36.

[126] Vgl. Schulte, Pradel: Guerilla Marketing für Unternehmertypen, 2006, S.37.

5.4.4 Social Media

Internet Startups haben gerade in der heutigen Zeit, in der soziale Plattformen wie Facebook, studivz oder aber Xing allgegenwärtig sind, eine riesen Möglichkeit ihr Unternehmen ohne große finanziellen Mitteln zu werben. Das Startup Unternehmen hat z.B. durch ein gut vernetztes Netzwerk die Möglichkeit, Freunde auf ihre Unternehmerseite einzuladen und zu hoffen, dass diese wiederum die Seite Freunden empfehlen, in der Hoffnung dass der Bekanntheitsgrad und Nutzerzahl der Internetseite gepusht wird. Wird bspw. davon ausgegangen, dass ein Internet Startup nur im deutsche Raum tätig sein will, ist es interessant zu wissen, dass Facebook allein in Deutschland rund 23 Millionen Nutzer hat, sprich jede dritte Person in Deutschland diese Plattform nutzt. So fällt schnell auf, dass diese Form des Marketings gerade am Anfang einer Unternehmensgründung entscheidende Vorteile liefert[127].

Genauso wie das schon bestehende Unternehmen „gepusht" werden kann, so können soziale Plattformen auch dafür verwendet werden, um herauszufinden ob die Geschäftsidee, mit der man sich verwirklichen will, bei den Usern überhaupt gefragt ist. Mussten früher noch Leute anrufen oder gar Fragenkataloge ausfüllen, so reicht es heute eine sogenannte „Testseite" des Unternehmens zu erstellen und die Menschen darüber zu informieren, was SU demnächst genau vorhat. Da die Nutzer die Möglichkeit haben Feedback auf der Testseite zu hinterlassen, kann der Gründer schnell abwägen, ob seine Idee wirklich Bestand haben könnte und er so seine Idee in die Tat umsetzen möchte.

Wenn z.B. ein Bäcker die Idee hat, wie er über das Internet seine Backwaren effizienter verkaufen bzw. vermarkten kann, wird er schnell an den Punkt gelangen, an dem er Überfordert ist und nicht weiter weiß wie er das weitere Vorgehen alleine meistern bzw. umsetzen kann. Genau für dieses Problem eignen sich soziale Plattformen hervorragend. So kann das SU z.B. auf Xing.de die Möglichkeit nutzen eine Stellenausschreibung zu verfassen und so die Bewerber zu kontaktieren, die am besten zum SU passen. Der riesen Vorteil,

---

[127] Vgl. Anhang Nr. 6

den das Internet bei einer solchen Mitarbeitergewinnung liefert, ist die Tatsache, dass viele Menschen schnell erreicht werden und diese wiederrum sich schnell mit dem Gründer in Verbindung setzen können.

5.5 Schwierigkeiten bei der Gründung

Wie aus dem deskriptiven Teil der These zu entnehmen ist, hat der Verfasser viele theoretische Ansätze vorgestellt, die dazu führen können weshalb junge Startup Unternehmen so oft Schwierigkeiten bei der Gründung haben. Zum einen besteht das Problem mit dem fast jedes Startup zu kämpfen hat, nämlich die finanziellen Probleme, aber gerade im Internet kommen noch weitere Faktoren hinzu, mit denen die Gründer oft nicht rechnen. Das Internet bietet eine ideale Plattform, um das Produkt eines Unternehmens an den Markt zu bringen. Doch dabei ist eine Sache entscheidend; So überzeugt der Gründer auch von seiner Idee ist, kann es sein, dass der Markt ganz anderer Meinung ist. Wenn beispielsweise der Gründer ohne eine umfangreiche Marktforschung betrieben zu haben seine Produkte verkauft und ein Kunde ein Produkt erworben hat und unzufrieden mit diesem ist, dauert es meist nur wenige Stunden bist die negative Meinung des Kunden im Internet steht und für die ganze Welt einzusehen ist. Schneller als es dem Gründer lieb ist, verbreitet sich so eine negative Stimmung rund um seine Geschäftsidee bzw. bestehendes Unternehmen. Daher ist an dieser Stelle anzumerken, dass ein Gründer eine umfangreiche Marktforschung betreiben muss, um sicher zu gehen, dass seine Idee nicht nur von ihm sondern auch von anderen wahrgenommen bzw. genutzt wird.

5.6 Welche Chancen stehen den Risiken gegenüber

Oft wird von Unternehmensgründer die gerade zu Beginn entstehenden Risiken unterschätzt und führen somit häufig dazu, dass die Unternehmung scheitert. Zu diesen unterschätzten Risiken gehört u.a. das anfangs geringe bzw. unregelmäßige Einkommen. Außerdem vergessen die Unternehmer häufig das oft mangelnde Interesse der Nutzer bzw. Fehleinschätzungen des Marktes. Um also die potentiellen Chancen, die das Internet Startup besitzt, ausschöpfen und nutzen zu können, muss der Gründer die Punkte wie die Marktanalyse und Finanzanalyse so gewissenhaft durcharbeiten, dass die Unternehmung bestehen kann[128].

Gerade die Internet Startups sollten sich im Team genaue Gedanken darüber machen, welches Marketinginstrument ihnen helfen kann. Eine genaue Analyse des Produktes, um das es geht, kann wie eben erläutert, dazu beitragen mit geringen finanziellen Mittel eine große und vor allem breite Masse zu erreichen. Daher sollten Internet Startup Unternehmen ihre Chance nutzen und mit ihrer Internet Affinität eine möglichst kreative Marketing Maßnahme durchzuführen.

---

[128] Vgl. Anhang Nr.3.

6. Fazit und Ausblick

Die Ausarbeitung der Studie soll darauf hinführen, dass IS Unternehmen ihre Chancen nutzten sollten und die bestehenden bzw. entstehenden Risiken so gering wie möglich halten. Bei der Umsetzung des IS erkennen viele Gründer welches Potential in diesem Unternehmen steckt. Wie aus der Studie entnommen werden kann sind die Gründe hierfür vielfältig. Seien es die Hierarchieebenen, die im Schnelllauf durchlaufen werden wollen oder aber das Verfolgen einer eigenen Unternehmung. Hinter jeder Gründung verbergen sich sowohl Chancen als auch Risiken. Die Aufgabe der Gründer ist es alle potentiellen Risiken festzustellen, sie zu minimieren und ihre Stärken auszubauen. IS verfügen im Vergleich zu herkömmlichen Unternehmensgründungen über ein viel breiteres Nutzerfeld. Gründe hierfür liegen vor allem in der weltweiten Akzeptanz des Internets. War es früher ein Schraubenfachhandel, der seine Waren in nur einer Stadt verkaufen konnte, so findet heute ein Schraubenhändler seinen Kundenstamm in der ganzen Welt.

Bei der Gründung eines IS sollte vor allem auf die Barrieren eingegangen werden. Zwar ist es möglich, dass diese in der Seed- bzw. Startup Phase noch nicht von Bedeutung sind, aber bei späteren Entscheidungen wegweisend sein bzw. über Erfolg und Misserfolg entscheiden können. Daher empfiehlt der Verfasser sich rechtzeitig über eventuelle Barrieren zu informieren und diese schon im Vorfeld so gering wie möglich zu halten bzw. Präventivmaßnahmen zu entwickeln. Die Gründer sollten sich des Weiteren darüber bewusst sein, ob sie mit ihrer Unternehmung gegen ACTA oder aber SOPA Barrieren verstoßen. Sollte dies der Fall sein müssen sie jetzt schon planen wie sie ihr Unternehmenskonzept so umstrukturieren können, dass sie diesen Vorschriften entgegenwirken können. Die ACTA und SOPA Barrieren können das Internet, wie es die heutige Generation kennt, maßgeblich verändern. Diese Einschränkungen sind vor allem für IS relevant, da diese Barrieren entscheidenden Einfluss auf das Geschäftsmodell der Unternehmung haben können. Es liegt an der Regierung zu entscheiden, inwieweit diese Verordnungen wirklich durchgesetzt werden sollten, mit dem Hintergrund der Menschheit entscheidende Grenzen in der Nutzung des Internets zu setzen.

Die Wahl der Rechtsform hat in dieser Studie einen relativ großen Stellenwert eingenommen. Hinter jeder Rechtsform verbirgt sich eine andere steuerliche Pflicht, die der Existenzgründer beachten muss. Des Weiteren muss der Gründer sich darüber im klaren sein, dass die Wahl der Rechtsform auch bei einem späteren Verkauf von großer Relevanz sein kann. So haben bspw. IS, die sich für eine Limited entschieden haben, große Probleme diese an ein deutsches Unternehmen zu verkaufen. Gründe hierfür liegen in der nationalen Beschränkung und dass viele deutsche Unternehmen sich nicht unbedingt im britischen Rechtssystem auskennen. Sie können nur schwer einschätzen was für Kosten auf sie zukommt, wenn sie das IS kaufen wollen. Somit kann eine Rechtsform wie die Limited dafür sorgen, dass potentielle Käufer abgeschreckt werden.

Auch für den Nutzer kann die Unternehmensform entscheidend sein. So haben viele Kunden Hemmungen etwas bei einer Firma zu bestellen, deren Sitz in Großbritannien ist, wie es bei der englischen Limited der Fall ist. Auf der anderen Seite ist diese Form der Unternehmensgründung für die Gründer eine der günstigsten Varianten. Aber auch für potentielle Investoren ist es von großem Interesse welche Rechtsform die Unternehmung hat, denn diese entscheidet über Mitsprache bzw. Kontrollrechte der Investoren. Daher muss Pro und Kontra abgewogen und analysiert werden.

Nach Meinung des Verfassers ist es gerade in der heutigen Zeit, in der man noch weit davon entfernt ist die Finanzkrise überwunden zu haben, für Startups schwieriger geworden an einen Investor zu gelangen. Man kann nicht sagen, dass es „eine perfekte Unternehmensform für ein Internet Startup" gibt. Es kommt zum einen auf das Unternehmenskonzept an, aber auch auf die Prioritäten, die die Gründer setzen- also ob sie Wert z.B. auf das Image oder aber auf die Haftung legen. Daher schlägt der Verfasser vor sich genaue Gedanken um die Wahl der Rechtsform zu machen und im Gründerteam genau zu besprechen welche Kriterien für die Unternehmung am wichtigsten erscheinen.

Auch die verschiedenen Phasen, die ein Internet Startup durchläuft sind für die Gründer entscheidend. Diese müssen wissen was sie in welcher Phase erwartet und wie sie agieren sollten. Nicht alle Unternehmensgründer sind abgeschlossene Betriebswirte und wissen daher oft nicht wie sie wann agieren müssen und welche Schritte erforderlich sind. Aufgrund dessen sollten sich die Jungunternehmer im Vorfeld Gedanken machen und sich genau erkundigen was sie in welcher Phase zutun haben und welche Gefahren als auch Chancen jede Phase mit sich bringt.

Während der Recherche, als auch beim Niederschreiben der Studie ist dem Verfasser aufgefallen, dass fast jedes Internet Startup Probleme mit der Finanzierung hat. Daher wurde hier ein Fokus auf den Businessplan gesetzt, da dieser nach Meinung des Verfassers maßgeblich dafür verantwortlich ist, ob ein Investor an dem Vorhaben der Gründer interessiert ist oder nicht. Diese sollten sich daher genügend Zeit mit dem Verfassen des Businessplans lassen und vor allem diesen selber Schreiben. Der Verfasser ist der Ansicht, dass nichts die Gründer besser auf ein Gespräch mit dem Investor vorbereitet, als das Schreiben und Formulieren des Businessplans. Denn wenn dieser gewissenhaft strukturiert und gegliedert wurde, ist das Gründerteam in der Lage erfolgreich aus einem Verhandlungsgespräch hervorzugehen. Da der Verfasser gerade in dem Businessplan das häufige Scheitern von Internet Startups sieht, ist er auch auf die typischen Fehler eingegangen, die bei dessen Erstellung entstehen können. Sowohl übermäßig technische Ausdrücke als auch falsche bzw. unzureichende Analysen / Zahlen sind maßgebliche Faktoren dafür, dass Investoren schon nach wenigen Minuten den Businessplan bei Seite legen werden. Deshalb sollten die Jungunternehmer diese Fehler vermeiden und ein besonderes Augenmerk auf die sog. Executive Summay legen. Denn diese drückt auf wenigen Seiten den Kern der Geschäftsidee aus und sorgt dafür, dass Investoren Interesse entwickeln. Bevor sich die Gründer Gedanken darüber machen wem sie den Businessplan vorlegen wollen, sollten sie sich darüber im Klaren sein welche Form des Investments sie bevorzugen. Hier gibt es häufig Unklarheiten sowohl über die verschiedenen Formen als auch über die unterschiedlichen Eigenschaften der einzelnen Investorenformen. Nach Meinung des Verfassers sollten gerade die IS auf einen selbständigen Business Angel zurückgreifen. Dieser verfügt in den meisten Fällen über das notwendige Know-How und kann den Gründern bei Unklarheiten häufig zur Seite stehen. Der Business Angel verfügt außerdem über genügend Erfahrung, um einschätzen zu können, inwieweit die Geschäftsidee des IS Sinn macht bzw. oft es erfolgsversprechend ist.

Im letzten Abschnitt der Studie ging der Verfasser auf die Besonderheiten einer Gründung im Internet ein. Ausgangspunkt hierbei ist das Gründerteam. Dieses sollte aus Sicht des Verfassers zum einem aus Leuten bestehen, die unterschiedliche Spezialisierungen haben, zum anderen sich optimal ergänzen können. Jeder sollte in seinem Bereich überdurchschnittliche Interessen aufzeigen und zudem ein Experte sein. Nur so können nach Meinung des Verfassers weniger überzeugte Investoren zu Interessenten konvertiert werden, die zu einer Finanzierung bereit wären.

Der Verfasser ist der Meinung, dass ein Name internationalen Charakter haben sollte, um später auch in internationalen Gebieten Fuß zu fassen. Auch rechtliche Probleme sollten hier bedacht werden z.B. ob Fantasienamen erlaubt sind bzw. ob Urheberrechte mit dem Firmennamen verletzt werden.

Um das Überleben des Unternehmens Stück weit zu garantieren, ist das Marketing hier besonders gefragt. Es kommt besonders darauf an mit den gegebenen Mitteln ein optimales Ergebnis zu erzielen. Gerade um dies gewährleisten zu können wurden verschiedene Marketingvarianten vorgestellt. Je nach finanziellem Spielraum erfährt der Leser welche Marketingmaßnahmen ihm u.a. zur Verfügung stehen. Nach Meinung des Verfassers ist ein „Mix" aus jeder dieser Varianten am ratsamsten. Das Viral Marketing sorgt für eine schnelle Mund zu Mund Propaganda, das E-mail Marketing für einen aktuellen Wissensstand der Nutzer bzw. der potentiellen Kunden. Guerilla Marketing sorgt durch die originell gestalteten Werbeaktionen dafür, dass die Unternehmen auch neben namenhaften Firmen Aufmerksamkeit gewinnen. Aber das soweit wichtigste und neben den geringen finanziellen Kosten effizienteste Werbemittel ist wohl das Instrument „Social Media". Gerade in der heutigen Zeit in der häufig auf Facebook, StudiVz oder andere Netzwerke zurückgegriffen wird sollte jedes Internet Startup zumindest eins dieser Netzwerke nutzen, um das IS vorzustellen und nähere Informationen zu verbreiten. Gründe hierfür liegen sowohl in der großen Nutzung, als auch in der Akzeptanz, die gerade Facebook genießt. Ein weiterer Vorteil einer Internetpräsenz auf Facebook ist die Tatsache, dass sich die Nutzer über das IS austauschen können. Hier kann der Gründer sehen inwieweit er sein IS verbessern bzw. besser an die Kundenbedürfnisse anpassen kann.

„Internet Startup-Chancen und Risiken einer Unternehmensgründung im Internet“ ist der Titel der vorliegenden Bachelor Arbeit. Sie kommt zu dem naheliegenden Schluss, dass bei der Gründung eines IS den Chancen und Risiken große Beachtung geschenkt werden muss, da sie einen wesentlichen Erfolgs- bzw. Misserfolgsfaktor darstellen.

Anhangsverzeichnis

Nr.1

anderen Technologie- und Medienhochburgen wie München, Hamburg oder Köln bei Neugründungen im Webbereich den ersten Platz.

Rechtliche Voraussetzungen:
Ein spezieller Ausbildungsnachweis ist für die Gründung eines Internetunternehmens nicht erforderlich.

Für bestimmte Tätigkeiten (z.B. Makler, Auktionator) können besondere gewerberechtliche Erlaubnisse erforderlich sein. Weitere Informationen zum Thema „Erlaubnispflichtige Tätigkeiten und Gewerbe" unter www.ihk-berlin24.de, Dok. Nr. 52246.

Das Unternehmen ist beim Gewerbeamt anzumelden und zieht eine Mitgliedschaft in der IHK nach sich. Es kann als Einzelunternehmen, Personen- oder Kapitalgesellschaft betrieben werden. Sobald das Unternehmen eine Beteiligungsfinanzierung anstrebt, kann es sein, dass der Kapitalgeber eine GmbH oder AG als Rechtsform bevorzugt.

Finanzierung:
Der Investitionsbedarf zur Gründung eines Internetstartups kann in der Anfangsphase noch gering sein. Vor allem wenn dem Gründerteam Entwickler/Programmierer angehören, kann die Entwicklung der Basisplattform mit „Boardmitteln" bestritten werden. Spätestens mit dem Markteintritt – also wenn Ihr Unternehmen mit dem Aufbau eines eigenen Netzwerks beginnt – ist mit hohen Marketingkosten zu rechnen. Der Aufbau von so genannten Meinungsmärkten (Communities) ist in der Regel zeit- und kostenintensiv. Nur selten werden Banken bereit sein, hierfür eine Finanzierung bereit zu stellen. Daher stellt eine Finanzierung über die Aufnahme von Beteiligungskapital oftmals die sinnvollste Alternative dar .

Sie sollten daher über genügend Kapital verfügen, um den Zeitraum von der Gründung bis zur Finanzierung zu überbrücken. Gerade letzterer wird von vielen Gründern deutlich unterschätzt – planen Sie mindestens sechs Monate ein! (siehe auch 5. Fördermittel/Finanzierung).

3. Gesetzliche Rahmenbedingungen

Als Gründer eines Internetunternehmens werden Sie mit einer Vielzahl an Rechtsvorschriften konfrontiert sein, die Sie zu berücksichtigen haben. Hierzu gehören insbesondere Rechtsnormen aus dem Bürgerlichen Gesetzbuch (BGB), dem Urhebergesetz (UrhG), dem Gesetz gegen den unlauteren Wettbewerb (UWG), dem Markengesetz (MarkenG), dem Telemediengesetz (TMG), dem Signaturgesetz (SigG) und dem Bundesdatenschutzgesetz (BDSG). Rechtliche Fragestellungen ergeben sich insbesondere in den Bereichen,

Verantwortlichkeit für Inhalte:
- Herkunftslandprinzip
- Anbieterkennzeichnung / Impressumspflicht
- Haftungsausschluss (Disclaimer)
- Urheberrechte
- Framing

Datenerfassung und Datenschutz:

- Datenschutzbelehrung
- Elektronische Einwilligungserklärung

Online-Werbung:

- Kommerzielle Kommunikation
- Direktwerbung
- Vertragsabsprachen
- Signatur
- Allgemeine Geschäftsbedingungen
- Fernabsatzverträge
- Markenrechte

Paid Content:

- Fernabsatzverträge
- Allgemeine Geschäftsbedingungen
- Vertragsabsprachen

Weitere Informationen zum Thema Medien- und IT-Recht unter www.ihk-berlin24.de, Dok. Nr. 493.

Weitere Informationen zum Thema Marken-, Patent- und Urheberrecht unter www.ihk-berlin24.de, Dok. Nr. 495.

Das sogenannte Online-Recht ist also nicht in einem einzelnen Gesetzbuch geregelt, sondern hat Schnittstellen mit vielen Rechtsgebieten, die insbesondere die inhaltliche und die technische Seite betreffen. Umfang und die Häufigkeit der Veränderungen in der Rechtsprechung legen nahe, dass Sie schon beim Aufbau Ihres Unternehmens juristischen Rat mit dem Fachgebiet Medien/IT-Recht zu Rate ziehen sollten.

which it is party;

(b) confidential information, the disclosure of which would impede law enforcement or otherwise be contrary to the public interest; or

(c) confidential information, the disclosure of which would prejudice the legitimate commercial interests of particular enterprises, public or private.

2. When a Party provides written information pursuant to the provisions of this Agreement, the Party receiving the information shall, subject to its law and practice, refrain from disclosing or using the information for a purpose other than that for which the information was provided, except with the prior consent of the Party providing the information.

Section 2: General Definitions

ARTICLE 5: GENERAL DEFINITIONS

For the purposes of this Agreement, unless otherwise specified:

(a) **ACTA** means the Anti-Counterfeiting Trade Agreement;

(b) **Committee** means the ACTA Committee established under Chapter V (Institutional Arrangements);

(c) **competent authorities** includes the appropriate judicial, administrative, or law enforcement authorities under a Party's law;

(d) **counterfeit trademark goods** means any goods, including packaging, bearing without authorization a trademark which is identical to the trademark validly registered in respect of such goods, or which cannot be distinguished in its essential aspects from such a trademark, and which thereby infringes the rights of the owner of the trademark in question under the law of the country in which the procedures set forth in Chapter II (Legal Framework for Enforcement of Intellectual Property Rights) are invoked;

(e) **country** is to be understood to have the same meaning as that set forth in the Explanatory Notes to the WTO Agreement;

(f) **customs transit** means the customs procedure under which goods are transported under customs control from one customs office to another;

Nr.3

Lexikon: Seed-Phase

Geschrieben von: ds-Team
Mittwoch, den 02. November 2011 um 13:05 Uhr -

In unserer Lexikon-Reihe publiziert **Professor Dr. Tobias Kollmann** , seit 2005 Inhaber des Lehrstuhls für BWL und Wirtschaftsinformatik – insbesondere E-Business und E-Entrepreneurship – an der Universität Duisburg-Essen, in regelmäßigen Abständen ein Stichwort aus dem von ihm herausgegebenen "
Gabler Kompakt-Lexikon Unternehmensgründung
". Der jeweilige Lexikon-Eintrag beschreibt ein für Gründer relevantes Thema kurz und knapp. Heute geht es um den Begriff
Seed-Phase
.

Seed-Phase , erster Abschnitt im Lebenszyklus eines Unternehmens (Finanzierungsphasen).

1. **Begriffshistorie** : Der Begriff stammt aus dem Bereich der Venture-Capital-Finanzierung, in dem ein spezifisches Modell zur Unternehmensentwicklung existiert. Dieses unterscheidet sich deutlich von anderen Lebenszyklusmodellen und ist auf die Besonderheiten der Finanzierung angepasst. Wie in anderen Modellen auch erfolgt die Abgrenzung der Phasen durch typische Entwicklungsschritte eines Unternehmens.

2. **Typische Managementaufgaben** : Der Schwerpunkt der Unternehmenstätigkeit liegt in dieser Phase auf Forschungsaktivitäten und der Produktentwicklung. Ziel ist die Umsetzung einer Idee in verwertbare Resultate bis hin

Weiterlesen http://deutsche-startups.feedsportal.com/c/32923/f/531000/s/19c3458f/l/0L0Sdeutsche0Estartups0Bde0C20A110C110C0A20Clexikon0Eseed0Ephase0C/story01.htm

folgenden 2–3 Jahre) rundet die Darstellung ab. Dieser Bereich will Informationen abdecken, die publizitätspflichtige Unternehmen (zumindest z.T.) im Geschäftsbericht offenlegen müssen, KMU in Deutschland jedoch aufgrund der Ausnahme von der Publizitätspflicht idR. nicht zur Verfügung stellen. Interessant sind die oft sensiblen Informationen, die unter dem Titel «Innovationen» ausgewiesen werden. «Hierbei geht es um quantitative Merkmale von Innovationen und insbesondere um die Wirkung von Innovationen auf Produkte, die Erhöhung der Produktequalität, die Herstellung neuer Produkte oder die Einführung neuer Technologien. Auch die Auswirkungen auf den Umsatz und den Ertrag sollen erfasst werden [7].»

Das «Herzstück» des Investor Relations Spiegels liegt in dem Ansatz zum Rating von KMU, welches sich nach Aussage der Forschungsgruppe insbesondere für sogenannte Neuprodukt-Unternehmen eignet, die wie folgt charakterisiert werden: innovativ, technologiebezogen, jung, Neugründung, überdurchschnittlicher Technologie- und Produktwechsel. Der Fokus dieses Ratings liegt auf den Innovations-Aktivitäten der KMU und hebt sich von den eher vergangenheitsbezogenen Wirtschaftlichkeits-Analysen insbesondere von Banken ab. Die Rating-Kriterien untergliedern sich in die nachfolgend aufgezeigten drei Bereiche, wobei für jeden Bereich ein separates Rating vorgenommen wird (*vgl. Abbildung 2*).

Die letzte Informations-Komponente besteht in den Aussichten, welche die prognostizierte Umsatzentwicklung im Zusammenhang mit Investitionsvorhaben sowie die Ertragsentwicklung je Geschäftsfeld beleuchten sollen.

Mit diesem umfassenden und in der Praxis bereits mehrfach erfolgreich angewendeten Konzept zeigt die TU Ilmenau einen möglichen Weg zur Beurteilung von KMU auf. Die Funktion der unabhängig beratenden Institution übernimmt hier eine Universität. Zielgruppe sind primär Banken, die ihren KMU-Kunden bisweilen sogar die Durchführung eines Ratings durch die TU Ilmenau empfehlen und dieses dann in ihren Kreditentscheid einbeziehen; dies vor allem auch deswegen, weil die Ratings zur Zeit noch kostenlos durch die Finanzierung des Forschungsministeriums zur Verfügung gestellt werden können.

«Early Stage-Unternehmen werden in der Regel keine oder nur relativ wenige finanzielle Vergangenheitsdaten besitzen, was die Prognose der zukünftigen Entwicklungen zusätzlich erschwert.»

3.3 Informationsbedürfnisse von British Venture Capital-Gesellschaften

Das Screening von Venture Capital-Gesellschaften basiert auf einer Vielzahl von Faktoren und läuft im Endeffekt auf die Bewertung eines potentiellen Investments hinaus. Eine umfassende Studie [8] basierend auf einer Umfrage unter 114 Mitgliedern der British Venture Capital Association wurde 1996 von Wright und Robbie vorgelegt.

Die wichtigsten Bewertungsmethoden aus Sicht der Venture Capital-Gesellschaften sind Price-Earnings Multiples, wobei diese sowohl auf prospektiver als auch historischer Basis angewendet werden. Weiterhin werden aktuelle Transaktionspreise für Akquisitionen in dem gleichen Sektor beachtet und die Methode des Discounted Cash Flow eingesetzt.

Wichtiger als die Methoden sind die Informationsquellen, die zur Bewertung herangezogen werden. Der durch die Venture Capital-Gesellschaft erstellte Due Diligence Report wird hierbei seitens der befragten Unternehmen mit grossem Konsens als das wichtigste Instrument zur Beurteilung von potentiellen Investments bezeichnet (*vgl. Tabelle 1*). Der Business Plan besitzt eine herausragende Bedeutung. Es fällt auf, dass an dritter Stelle die interne Kohärenz des Plans genannt wird, die somit die Funktion eines frühen Screening-Instruments erfüllt. Erst an neunter Stelle werden Informationen von beratenden Institutionen verwendet, wobei die hohe Standardabweichung andeutet, dass diesbezüglich kein übermässiger Konsens unter den Befragten besteht.

Die Untersuchung zeigt deutlich die Abhängigkeit der durchschnittlich geforderten Eigenkapitalrendite von der Lebenszyklus-Phase des Investments und damit auch die Heterogenität der Venture Capital-Gesellschaften auf. Je später im Lebenszyklus die Venture Capital-Gesellschaft in ein Investment einsteigt, desto geringer wird die durchschnittlich geforderte Eigenkapitalrendite. In der Early Stage erwarten die Gesellschaften idR. Eigenkapital-

Tabelle 2

Assessment of the Riskiness of Investment

	Mean Score	Std. Dev.
Contribution by management in terms of their managerial skills	4,76	0,53
Nature of company's product market	4,29	0,80
Expected time horizon to company's exit (stock market/trade sale)	3,52	0,93
Management's financial contribution	3,29	1,09
Expected time horizon to redemption of preference shares	2,97	1,02
Nature of the capital market	2,57	1,07
Expected participating dividend yield	2,49	1,04

Unternehmensgründung – Chancen und Risiken

Aus welchen Gründen wagt heute jemand den Schritt in die Selbstständigkeit? Waren schon immer Dinge, wie guter Verdienst und hohes Ansehen wichtig, bestimmen aktuell eher Themen wie Selbstverwirklichung und Streben nach Unabhängigkeit sowie der Ausweg aus einem unbefriedigenden Angestelltenverhältnis die Motivation für eine Selbstständigkeit. Nicht selten wird eine Gründung auch als letzter Ausweg aus der Arbeitslosigkeit gesehen, da im Prinzip jeder ohne großen Aufwand ein Gewerbe anmelden kann. Aufgabe und Kunst ist es aber, die Gründung zu einer tragfähigen Existenz auf- und auszubauen und sich langfristig erfolgreich im Markt zu behaupten.

Jeder Gründer hat aus seiner Persönlichkeit und seinen Fähigkeiten heraus ganz individuelle Visionen und Vorstellungen von der eigenen Firma – weit ab von den sogenannten „hard facts" des tatsächlichen Unternehmertums. Erst durch die Zusammenführung von diesen Vorstellungen und praktischer Gründungsplanung kann ein nachhaltiger Erfolg erreicht werden. Kurz gefasst: Ohne Vision kein Erfolg bei der Planung und ohne Planung ohnehin kein Erfolg.

Vielfach werden die Anfangsschwierigkeiten einer Gründung, wie finanzielle Risiken, mangelndes Kundeninteresse, Fehleinschätzung des Marktes, der hohe Zeiteinsatz und das – zumindest zu Beginn – mitunter geringe und unregelmäßige Einkommen, unterschätzt. Daher sollte sich jeder Gründer sehr intensiv mit den oben genannten Punkten und mit der Frage beschäftigen: „Bin ich tatsächlich eine Unternehmerpersönlichkeit?" Biss und Durchhaltevermögen, auch und gerade in schwierigen Situationen, verbunden mit Willensstärke und einer stabilen physischen und psychischen Gesundheit sind unabdingbar für jeden Unternehmer. Nicht zuletzt gehört dazu auch eine Versicherung des Rückhaltes in der Familie und im sozialen Umfeld.

Der Erfolg einer Gründung ist untrennbar verbunden mit dem „Überleben" der Anlaufphase. So zeigt die Insolvenzstatistik 2008, dass rund ein Siebtel aller Insolvenzen Unternehmen mit weniger als 20 Mitarbeitern betreffen. Nach Studien der Creditreform und auch der Euler Hermes, stuften rund 71 Prozent der Insolvenzverwalter als wichtigste Insolvenzursache Managementfehler in den betroffenen Unternehmen ein. Fehlendes Controlling (79 Prozent) und Finanzierungslücken (76 Prozent) sowie unzureichendes Debitorenmanagement (64 Prozent) bilden dabei die Schwachstellenschwerpunkte.

Der Autor

German Drechsler ist Geschäftsführer der THINK Unternehmensentwicklungs GmbH in Wirges/Ww.

Das macht deutlich, dass viele „junge" Unternehmen nur überleben können, wenn die „Hausaufgaben" gemacht werden, wie eben eine sorgfältige Planung und Vorbereitung, Ziele gesteckt werden und nachhaltig strategisch überlegt wird, wie diese auch erreicht und umgesetzt werden können. Eine laufende, konsequente und kritische Auseinandersetzung mit den betriebswirtschaftlichen Zahlen führt zu aktivem AGIEREN, statt nur auf externe Anforderungen zu reagieren. Dies zieht sich von der Marktausrichtung über die finanzielle Ausstattung und Liquiditätssteuerung bis hin zur ständigen Kontrolle der Organisation und der Kostenstrukturen. Gründern mangelt es jedoch häufig bei den eben genannten Punkten auch an der nötigen Selbstdisziplin, sei es aus der Prioritätensetzung auf das Tagesgeschäft oder aus einer technischen Ausrichtung heraus. Insoweit gehören die betriebswirtschaftlichen Themen oft eher zu den ungeliebten unternehmerischen Aufgaben. Eine gute Beratung durch einen externen Coach, sei es über die verschiedenen Kammern, Vereinigungen und Einrichtungen wie zum Beispiel die Industrie- und Handelskammer, die Wirtschaftsjunioren, Steuerberater, befreundete Unternehmer oder Unternehmensberater, hat sich in der Praxis als hilfreich erwiesen. Dieser Berater sieht das Unternehmen und dessen Situation objektiver, sodass einerseits Schwachstellen schneller erkannt werden und andererseits der Blick für notwendige Maßnahmen geschärft wird.

So wird dem Gründer geholfen, nachhaltig erfolgreich zu sein und nicht zuletzt lange Freude und Motivation an der Selbstständigkeit zu haben. Denn das Erreichen der eingangs erwähnten Ziele ist die große Chance und lohnt auf jeden Fall, einen überdurchschnittlich hohen Einsatz zu bringen und allen etwaigen Widrigkeiten zum Trotz die gesetzten Visionen nicht aus dem Auge zu verlieren und konsequent an der Umsetzung zu arbeiten. Sehr treffend brachte dies bereits der römische Philosoph Seneca auf den Punkt: „Wer den Hafen nicht kennt, in den er segeln will, für den ist kein Wind ein günstiger."

Dazu gehört es natürlich auch, regelmäßig Visionen, Ziele, Ausrichtungen und die entsprechenden Maßnahmen auf den Prüfstand zu stellen und sie mit der heutigen und auch der zu erwartenden Markt-, Kunden-, und Wettbewerbsituation abzugleichen und gegebenenfalls auch anzupassen.

GERMAN DRECHSLER

Nr.6

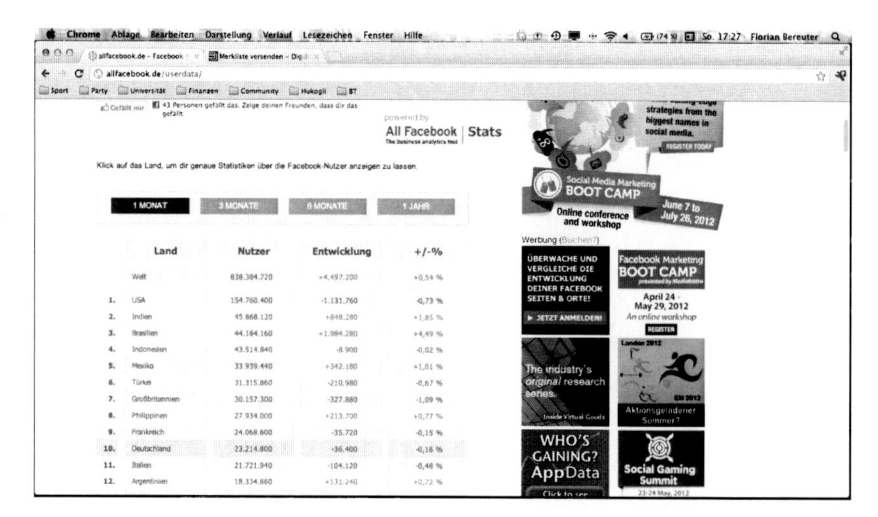

Klick auf das Land, um dir genaue Statistiken über die Facebook-Nutzer anzeigen zu lassen.

1 MONAT | 3 MONATE | 6 MONATE | 1 JAHR

	Land	Nutzer	Entwicklung	+/-%
	Welt	838.384.720	+4.497.200	+0,54 %
1.	USA	154.760.400	-1.131.760	-0,73 %
2.	Indien	45.868.120	+848.280	+1,85 %
3.	Brasilien	44.184.160	+1.984.280	+4,49 %
4.	Indonesien	43.514.840	-8.900	-0,02 %
5.	Mexiko	33.939.440	+342.180	+1,01 %
6.	Türkei	31.315.860	-210.980	-0,67 %
7.	Großbritannien	30.157.300	-327.880	-1,09 %
8.	Philippinen	27.934.000	+213.700	+0,77 %
9.	Frankreich	24.068.600	-35.720	-0,15 %
10.	Deutschland	23.214.800	-36.400	-0,16 %
11.	Italien	21.721.940	-104.120	-0,48 %
12.	Argentinien	18.334.880	+131.240	+0,72 %

Abkürzungsverzeichnis

Abb.	Abbildung
ACTA	Anti-Counterfeiting Trade Agreement
ALG	Arbeitslosengeld
BDSG	Bundesdatenschutzgesetz
BGB	Bürgerliches Gesetzbuch
Bspw.	Beispielsweise
etc.	etcetera
bzw.	beziehungsweise
B2B	Business-To-Business
E-Commerce	Elektronischer Handel
E-Mail	Digitale Post
GbR	Gesellschaft bürgerlichen Rechts
grds.	grundsätzlich
HGB	Handelsgesetzbuch
HTML	Hypertext Markup Protocol
HTTP	Hypertext Transfer Protocol
i.d.R.	in der Regel
IS	Internet Startup
KG	Kommanditgesellschaft
KStG	Körperschaftsteuergesetz
MarkenG	Markengesetz
MBI	Money Buy In
MBO	Money Buy Out
oHG	Offene Handelsgesellschaft
SigG	Signaturgesetz
SOPA	Stop Online Piracy Act
Sog.	Sogenannte
SU	Startup Unternehmen
TMG	Telemediengesetz
UG	Unternehmergesellschaft
UrhG	Urheberrechtsgesetz

USA	United States of America
UWG	Gesetz gegen den unlauteren Wettbewerb
u.a.	unter anderem
z.B.	zum Beispiel

Darstellungsverzeichnis

Abb.1 Darstellung des idealtypischen Unternehmenszyklusmodells.................29

Literaturverzeichnis

Buchquellen

C. Ahr, J. Schwenk, K. Matros [Gründungsratgeber, 2009]
Gründungsratgeber von Gründer für Gründer, Aachen

C. Ahr, J. Schwenk, K. Matros [Existenzgründung, 2011]
Grundlagen, Tipps & Tricks für deine Existenzgründung: Start up!, Weinheim

H. Berens, H.P Engel [Wirtschaftsgesetze, 2010]
Wichtige Wirtschaftsgesetze für Bachelor
2. Auflage, Herne

R. Bleiber [Existenzgründung, 2011]
Erfolgreiche Existenzgründung, Freiburg

M. Brettel, C. Jaugey, C. Ross: [Business – Angel, 2000]
Business Angel-Der informelle Beteiligungskapitalmarkt in Deutschland, Wiesbaden

F. von Collrepp [Handbuch, 1999]
Handbuch Existenzgründung: Für die ersten Schritte in die dauerhafte erfolgreiche Selbständigkeit, 2.Auflage, Stuttgart

S. Daferner: [Eigenkapital, 2000]
Eigenkapitalausstattungen von Existenzgründungen, Sternenfels

B. Fischer [Start-up-Unternehmen, 2004]
Finanzierung und Beratung junger Start-up-Unternehmen
Betriebswirtschaftliche Analyse aus Gründerperspektive, Wiesbaden

M. Gruber, P. Mader [E-Commerce, 2000]
Internet und e-commerce, Wien

M. Gruber, R. Hammer, S. Urnik [Unternehmensgründung, 2007]
Aktuelle Entwicklungen in der Unternehmensgründung, Wien

U. Herzog [Businessplan, 2009]
Mein Businessplan, 5.Auflage, Freiburg

M. Heucher, D. Ilar, H. Marchesi [Businessplan, 2000]
Planen, gründen, wachsen; Mit dem professionellen Businessplan zum Erfolg, 2.Auflage, Zürich

S. Hofert [Existenzgründung, 2006]
Existenzgründung im Team: Der erfolgreiche Weg in die Selbständigkeit, Frankfurt am Main

P. Kanbach [Guerilla Marketing, 2007]
Ein Einblick in Guerilla Marketing
Grundlagen, Theorie und Praxis, Berlin

H. Klandt: [Gründungsmanagement, 2006]
Gründungsmanagement: Der Integrierte Unternehmensplan, Oldenburg

T. Kollmann [E-Venture-Management, 2003]
E-Venture-Management: Neue Chancen für Gründer in der Net Economy, Wiesbaden

T. Kollmann [E-Venture-Management, 2003]
E-Venture-Management; Neue Perspektive der Unternehmensgründung in der Net Economy, Wiesbaden

T. Kollmann [E-Venture, 2004]
E-Venture: Grundlagen der Unternehmensgründung in der Net Economy, Wiesbaden

T. Kollmann [E-Business, 2007]
E-Business; Grundlagen elektronischer Geschäftsprozesse in der Net Economy, 2. Auflage, Wiesbaden

T. Kollmann [E-Entrepreneurship, 2011]
E-Entrepreneurship: Grundlagen der Unternehmensgründung in der Net Economy, Wiesbaden

E. Lammenett [Online-Marketing, 2006]
Praxiswissen Online-Marketing
Affiliate- und E-Marketing
Keyword-Advertising Online-Werbung
Suchmaschinen Optimierung, Wiesbaden

S. Langner [Viral Marketing, 2005]
Viral Marketing, Wie Sie Mundpropaganda gezielt auslösen und Gewinn bringen nutzen, Wiesbaden

S. Langner [Viral Marketing, 2007]
Viral Marketing, Wie Sie Mundpropaganda gezielt auslösen und Gewinn bringen nutzen, 2. Auflage Wiesbaden

G. Leopold, H.Frommann,T.Kühr [Private Equity, 2003]
Private Equity-Venture Capital; Eigenkapital für innovative Unternehmer, München

N. Lübke [Business Angels, 2004]
Business Angels und Existenzgründer Strategien für eine erfolgreiche Transaktionsbeziehung, Berlin

Memento Rechtsbücher [Gesellschaftsrecht, 2005]
Gesellschaftsrecht in der Praxis 2006,Freiburg

A. Nagl [Businessplan, 2005]
Der Businessplan, 2. Auflage, München

S. Nokes [Startup, 2000]
startup.com Everything you need to know about starting up an Internet Company, London

M. Oehlrich [Betriebswirtschaftslehre, 2010]
Betriebswirtschaftslehre; Eine Einführung am Businessplan-Prozess, 2.Auflage, München

D. Ploss [Online Marketing, 2002]
Handbuch E-Mail Marketing, Bonn

D. Schmahl [Online-Marketing, 2007]
Moderne Online-Marketing-Methoden;
Affiliate Marketing, Suchmaschinen Marketing,
Viral Marketing und Web 2.0, Berlin

Th. Schulte, M. Pradel [Guerilla Marketing, 2006]
Guerilla Marketing für Unternehmertypen,
2. Auflage, Sternenfels

A. Sinlger [Businessplan, 2006]
Businessplan, 3.Auflage München

S. Thörmer [Net Economy, 2008]
Umstrukturierung in jungen Net Economy
Unternehmen im Übergang zur Wachstums-
phase, Hamburg

M. Vetter [Innovationsprozess, 2011]
Praktiken des Prototyping im
Innovationsprozess von Start-up Unternehmen, Wiesbaden

C.K. Volkmann, K.O, Trokarski [Entrepreneurship,2006]
Entrepreneurship: Gründung und Wachstum von jungen Unternehmen, Stuttgart

P. Weiber [Electronic Business, 2002]
Handbuch- Electronic Business, 2.Auflage,Wiesbaden

P. J.J. Welfens, P. Zocke, A. Jungmittag, B. Beckert, M. Joisten [Internetwirt-
schaft, 2005]
Internetwirtschaft 2010; Perspektiven und
Auswirkungen, Heidelberg

M. Welling [Guerilla Marketing, 2005]
Guerilla Marketing in der Marktkommunikation
Eine Systematisierung und kritische Analyse
mit Anwendungsbeispielen, Aachen

W. Wetzel [Venture Capital, 1994]
Venture Capital, New York

Internetquellen

Bildungsnews [Gründerteam, 2012] Verfügbar unter:
Bildung und Karriere: Das start-up Dream Team, Genève 2012, www.bildung-news.de, 25. April 2012

BMF [Private Equity, 2011] Verfügbar unter:
Glossar: Private Equity, Berlin 2011, www.bundesfinanzministerium.de, 25. April 2012

BMWI [Existenzgründung, 2012] Verfügbar unter:
Kapitalgesellschaften, Berlin 2012, www.existenzgruender.de, 25. April 2012

Deutsche Startups [Viral Marketing, 2008] Verfügbar unter:
„Viral Marketing", wie funktioniert das eigentlich?- Gastbeitrag von Martin Oetting, Teil 1, Köln 2008, www.deutsche-startups.de, 25. April 2012

[Phasen,2012] Verfügbar unter:
Lexikon: Investitionsphasen, Köln 2012, www.deutsche-startups.de, 25. April 2012

eRecht24 [Unternehmensform, 2012] Verfügbar unter:
Existenzgründung: Welche Unternehmensform ist für Existenzgründer und Startups das Richtige, Berlin 2012, www.e-recht24.de, 25. April 2012

FAZ [Eintrittsbarrieren, 2001] Verfügbar unter:
Eintrittsbarrieren im E-Commerce, Frankfurt 2001, www.faz.net, 24. April 2012

[Urheberrechte, 2012] Verfügbar unter:
Das Ende des Internet, wie wir es kennen, Frankfurt 2012, www.faz.net, 24. April 2012

[Gründung; wer-kennt-wen.de, 2008] Verfügbar unter: Gründer von wer-kennt-wen.de,
Frankfurt 2008, www.faz.net, 9 Mai 2012

Gabler Verlag [Start-up, 2012] Verfügbar unter:
Start-up-Unternehmen, Wiesbaden 2012, www.wirtschaftslexikon.gabler.de, 25. April 2012

[Seed Capital, 2012] Verfügbar unter:
Seed Capital, Wiesbaden 2012, www.wirtschaftslexikon.gabler.de, 25. April 2012

Gründerszene [Gründerstimmung, 2007] Verfügbar unter:
Gründerstimmen 2.0 – Was zeichnet die aktuellen (Web)-Gründer aus, Berlin 2007, www.gruenderszene.de, 25. April 2012

[Fördermittel, 2010] Verfügbar unter:
Fördermittel und Förderprogramme: Zur Finanzierung von StartUps, Berlin 2010, www.gruenderszene.de, 25. April 2012

Kahlsdorf [Guerilla Marketing, 2012] Verfügbar unter:
Was ist eigentlich: Guerilla Marketing, Norderstedt 2012, www.kahlsdorf.de, 25. April 2012

Online Marketing [E-Mail Marketing, 2012] Verfügbar unter:
Glossar: Definition E-Mail-Marketing,
Hamburg 2012,
www.onlinemarketing-praxis.de, 25. April 2012

Stop ACTA [Stop ACTA, 2012] Verfügbar unter:
Stop ACTA, Castrop-Rauxel 2012,
www.stopacta.de, 25. April 2012

Werben & Verkaufen [Schleichwerbung, 2011]
Ashton Kutcher nutzt „Two and a Half Men“
für Schleichwerbung, München 2011,
www.wuv.de, 25. April 2012